中华围棋文化内涵与特质

中国围棋协会 编写

人民出版社

出版说明

　　根据中共中央宣传部、国家体育总局关于推动中国围棋文化走出去的工作部署和明确要求,适应在世界范围内传播、推广围棋的迫切需要,中国围棋协会组织编写《中华围棋文化内涵与特质》一书,具有中国围棋文化白皮书性质。

　　围棋是中华民族奉献给世界的文化瑰宝,是中华优秀传统文化的经典内容和代表性项目。中国围棋文化源远流长,博大精深。对其进行系统梳理和深入研究,是围棋文化界肩负的重要任务。《中华围棋文化内涵与特质》一书的主要内容和观点,根据中国围棋协会主席林建超所著《围棋与国家》系列丛书(国家出版基金项目)整理而成,全书共八章,集中、系统阐述了中华围棋文化的内涵与特质。本书的出版,得益于中共中央宣传部和国家体育总局的正确指导,得益于人民出版社的大力支持,得益于围棋界及社会各界有关人士的热情支持。在此谨向所有为本书编纂出版提供过帮助的单位和个人表示由衷的谢意。

中国围棋文化走出去是一项长期的探索性工程,相关研究工作始终处在不断深化研究的过程中,需要不断地完善、发展和形成共识。《中华围棋文化内涵与特质》也是这样。衷心希望关心、支持中国围棋事业发展的各方面领导、专家和广大读者给予批评指正。

中国围棋协会

2022 年 1 月

2

目　　录

第一章 围棋发源于中华文明的母体

第一节 围棋起源于中国

围棋是中国的国粹,是中华文明和智慧的结晶,是中华民族对人类文明和世界文化的重要贡献。几千年来,中国人喜爱围棋、从事围棋、传播围棋、研究围棋、赞美围棋,首要的原因,是围棋起源于中国,是中华民族的发明创造。中国人下围棋,是带着特殊的民族感情、家国情怀和文化认同感的。围棋在国家民族精神生活中的地位得以确立,从源头上说是因为它根植于中华文明的沃土,高度符合并充分体现了中华民族的思维特征,打着深深的中华文化的烙印。围棋的形制和弈法等都饱含着文明母体的基因和特征。对于围棋的起源问题,中国历代、世界各国早有定论。然而,近年有个别"百科全书"称,围棋起源于某南亚国家"或中国"。这种说法没有任何直接的史籍和考古依据,缺乏深入的学术研究支撑,不符合历史事实和已有共识。这样的观点虽不是主流,但值得引起深思。它提醒我们,正确认识、深入研究围棋起源问题有着极大的必要性、重要性和紧迫性。在当前世界各国文化"软实力"竞争日趋激烈的情况下,维护中华优秀传统文化成果,确保宝贵精神财富不被窃取和掠夺,捍卫国家文化主权和民族经典知识产权的完整与安全,是我们的责任。

一、围棋是从中华文明源头产生的智慧之果

围棋是迄今人类发明的最古老的智力博弈游戏。从古代典籍记载、考古实际发现和文化起源学研究来看,围棋应该和中华民族的许多艺术形式一样,不是某一个人的发明创造,而是经过了一个萌芽、成长过程,在漫长的历史中不断被补充和完善,是民族的集体创造和智慧结晶。

围棋起源的最大可能,是发源于上古时期的结绳而治、河图洛书、五行学说、周易八卦等。这些中华文明源头的智慧形态,为围棋的产生提供了最初的思想文化元素;而围棋的形制、内涵,又恰恰体现和包含了这些民族早期思维成果的特征,甚至在某种意义上成为了它们的文化符号。与此

同时,中华民族各主要部族间频繁发生的大规模兼并与融合的战争,为原始形态的"兵棋"(以思维对抗、模拟对抗表现战场对抗的早期围棋)的出现,提供了客观需求、实践基础和思想启迪。此外,当时人们所进行的农耕、渔猎、天文、历法、数算等各种形式的生产和文化活动,都可能从不同角度对围棋的产生起到了启发、推动作用。正是在这样的思想和实践基础上,作为当时中华民族优秀代表和主要首领的尧与舜,才有可能集中民族的集体智慧,创造出围棋这样既简明又深奥、既朴实又神秘的智力博弈游戏。

(一)围棋最深远的思想渊源是伏羲的阴阳八卦理论

上古时代先后而继、居于主流文化地位的伏羲文化、神农文化、黄帝文化、尧文化,构成了围棋产生的整体思想渊源和文化背景。其中更深远的思想根源,是伏羲文化的核心——阴阳八卦思想体系。

几千年来,围棋的形制、弈法有了很大的发展和变化,而唯一不变的,是棋子的黑白之分,这恰恰体现了围棋最本源的特点——阴阳对立统一。根据周易八卦的思想,处理好阴阳矛盾,把握好阴阳变化,必须合于道,而道的根本点是讲究阴阳相错、阴阳相抵,最终达到阴阳平衡。这些思想都为以后围棋之道的形成,提供了重要的思想来源。

(二)围棋与《易经》有相互联系的共同特征

人们早已发现,围棋发展过程中的某些形制特征,与《易经》八卦有相通之处,如流行于两汉至魏晋时期的十七道围棋盘,外周为六十四路,与六十四卦之数相合。《易经》八卦与围棋有一个显著的共同点,都是以图形定式表现运行的状态、次序和趋势。八卦的基本内容是象、数、理、气。"象"为表象,反映在围棋上就是黑白二象;"数"为量和序,反映在围棋上,是为黑白子行棋的先后及其中暗含的计算;"理"为阴阳、虚实之理,反映在围棋中为合乎规律的行棋之道;"气"为存在的形式条件,天地有气,人也有气,围棋也如此,子必有气,气畅则盛,气促则危,气尽则亡。

《易经》的思想与围棋之道有着多方面的密切关联。《易经》的"易",有"变易""简易""不易"的基本意义。其一,"变易":易即变,《易经》乃变化之经。围棋最大的特点正体现"变易",讲究变化、谋略,而忌平直;行棋的变化量为天文数字。其二,"简易":《易经》强调事物简中寓繁、以简驭繁。这在围棋中也有很好的体现。围棋规则简明,棋具简单,却能够演出繁复的变化,蕴藉丰富的内容。其三,

"不易"：事物变化不离其宗，千变万化有其规律，围棋有棋理，也就是规律，变化而遵其宗。

（三）易学体系中的河图洛书、五行学说与围棋之道有密切关系

《易经》或称易学是中华传统文化的主要源头，涵盖阴阳、五行、八卦、河图洛书等诸多范畴。河图洛书与围棋的联系，主要表现在三个方面。一是从直观形象上看，河图洛书与同样出现于河洛地区的结绳而治一样，与围棋的基本形制相似。结绳记事是在绳上系结，围棋在线上布子；河图洛书都是用线条上的黑点和白点来表示，围棋用的也正是线条上的黑子和白子。二是从数量计算上看，河图洛书都是以黑白点相互对应、穿插、平衡的计算结果来表现的，与围棋的子数、目数计算有相通之处。三是河图洛书所表现的五行学说，与围棋的形制、弈理也有相合之处。

五行学说是将世间万事万物分为五类，代表元素为木、火、土、金、水，相生相克。围棋从空间上看，四角与天元为五方；从时间上看，一盘棋开局，中盘，收官及之间的两个过渡阶段（开局到中盘称"序盘"，中盘到收官称"后盘"）为五季。相生、相克律对于围棋的"五方""五季"等也适用。

施襄夏就说，围棋"按五行而布局，循八卦以分门……弈理无五行则局法乱，无八卦则机神背"。

从总体上看，以阴阳八卦、五行河洛等为代表的中华文明早期形态，与围棋之道有着内在的、深刻的、不可分割的、千丝万缕的关系。这种关系带有明显的同根性、同宗性、同源性特征。这些远古先人的智慧成果，在不同方面、不同层次上，成为围棋产生的思想源泉。

二、围棋起源于上古农耕时代的生活实践

围棋特征中与上古土地、农耕、渔猎、天文、历法、战争等等的联系，说明它在很大程度上可能是上古农耕时代社会生活实践的产物。围棋最初所表现的，正是上古农耕条件下，人们对生存空间的认识、开发、利用和争夺的实践。

（一）围棋形制与上古土地标识

围棋的基本特征是在纵横交错的经纬线条上，按一定规则运行棋子。经纬线条是构成围棋棋盘形制的基本要素和图形。这种以经纬线条为基础的图形，在中国上古农耕时代的文化遗存中，有丰富、充分、准确的表现，含原始建筑、农田、道路和手工制品等多个方面，而以陶制品上的图

案和刻符最为集中和典型。在距今 5000—6000 年红山文化的陶制品上,已经出现经纬线条图案的雏形——平行线条图案。在距今 5000—7000 年仰韶文化、距今 4300—5300 年的良渚文化,距今 4100—5300 年的马家窑文化等的彩陶制品上,更是大量出现了各种形态的经纬线条图案和刻符。这些上古文物图案中包含着丰富的信息,从与围棋相关的角度解读,至少可以得出以下认识。

1. 中国上古农耕时代的先民已经掌握了清晰的经纬图形概念,而这与围棋起源的时间处在同一历史节点上。

2. 经纬图形的表述可以有多种内涵,但从根本上离不开对土地和农耕的认识。

3. 上古经纬图形的产生可能包含多种文化交融的因素,但中国考古发现证明其主体是中华上古农耕文明的产物。

4. 上古彩陶文化中的“类棋盘纹”虽然还不能直接等同于原始围棋盘,但已充分展示了二者之间的内在关联。

中华上古农耕文明中的经纬图形,为围棋的起源提供了重要基础,而古埃及和两河文明中的经纬图形,却不足以让当地孕育出围棋,其原因就在于处在完全不同的文化体系和实践体系之中。土地和农耕,在中国上古时代居于极为重要的地位。围棋的终极目的和核心概念是"地",不仅棋盘形制来源于土地经纬概念,而且行棋规则是以夺土为本、地多为胜。这是围棋产生于上古农耕时代的必然表现和重要依据。

(二)围棋数字密码与古代周天之数

古人早已发现,围棋棋盘、棋子的数字特征和内涵,与宇宙天文之数存在特殊的、内在的关联。东汉班固在《弈旨》中运用阴阳、天文、地则等概念,分析解释围棋的独特征象与意旨:"局必方正,象地则也。道必正直,神明德也。棋有白黑,阴阳分也。骈罗列布,效天文也。"北周《敦煌棋经》写道:"棋子圆以法天,棋局方以类地。棋有三百六十一道,仿周天之度数。"北宋张拟(一说张靖)在《棋经十三篇》中说:"夫万物之数,从一而起。局之路,三百六十有一。一者,生数之主,据其极而运四方也。三百六十,以象周天之数。分而为四,以象四时。隅各九十路,以象其日。外周七十二路,以象其候。枯棋三百六十,白黑相半,以法阴阳。"这里,除"一"作为万物生发运作的起点外,还有五个关键的数字,与古代天文历法发生密切的关联。"三百六十,以象周天之数。"天文学上以天球大圆三百六十度为

8

周天。中国古代最早的天文历法古六历对"周天之数"早有明确的认识。"分而为四,以象四时。"四时,指四季。围棋棋局可完整、均衡地分为四个部分即四个象限,相等于周天度数中的四季结构。"隅各九十路,以象其日。"围棋棋局四个部分各有九十路即九十个交叉点,与历法中四时(四季)各有九十日的构成是完全一致和相等的。"外周七十二路,以象其候。"围棋棋局四个周边的路数共计七十二路,这就与历法节气中设置的七十二候相应。"枯棋三百六十,白黑相半,以法阴阳。"围棋棋子共三百六十枚,黑白子各半,这与自然界中阴阳黑白昼夜冷暖相辅相成、对立统一是相应和一致的。

通过以上分析解读,至少可以获得以下两个方面的认识:一是围棋与农耕时代的中国古代天文历法有密切关系;二是围棋形制至少在一千五百多年前就固定在与中国古代"周天之数"相符合的数字特征上,这绝不是偶然的。

三、原始部族的战争与原始形态的"兵棋"

围棋产生的思想渊源,来自中华文明早期思想文化形态;而围棋产生的实践根源,则来自远古时期中华先民的生产、文化、原始宗教活动和战争。而其中,原始部族间频繁的、大规模的战争是主导性、决定性因素。这主要有两方面的原因:一方面,围棋的本原特征是弈棋双方的智力博弈,以棋盘上的思维对抗,模拟表现敌对双方的实际对抗,是围棋的固有属性,围棋本身就是最初的"兵棋";另一方面,当时各部族之间,为争夺生存空间和资源,实现兼并、融合和主导而进行的战争,为围棋的产生提供了客观需求、实践基础和思想启迪。

(一)围棋的最初形态是模仿军事的智力游戏

古代围棋研究者、思想家关于围棋与军事相互关系的论述有很多,围棋因于兵、合于兵、释于兵的观点一直源源不断,而且在很长的历史时期内居于主流、正统的地位。中国古代围棋理论中最早、最有代表性者,基本上都是从军事、兵法角度切入的,这是古代围棋文化的一大特点。这种现象是对围棋与军事客观存在的源流、派生关系的反映,是对围棋最初作为模仿军事的智力游戏的认识与解读。

从本原的角度来看,围棋的基本属性和特征主要有以下特点:①围棋是双方的对弈,是两个独立头脑操控的思维对抗,是两种不同意志的角逐;②围棋的内容和进程是智力博弈,是在棋盘上以棋子围而相抗、围而相争、围而相杀,是动态的思维搏斗，不是静态的礼仪表达；③围棋的目的是要争取胜利，就是要在有限的交叉点当中争取占有更多；④围棋的结果是要分出胜负，对弈的本质就是竞争、竞赛、竞技，不论进程如何，最终都要分出胜败。

（二）五帝时期的战争为围棋的产生提供了历史条件

黄帝、颛顼、帝喾、尧、舜是上古时期相继为帝的五位部族首领，跨越从公元前3000年到公元前2100年的近千年时间。这一时期，正是中华大地上发生剧烈变化和发展的重要时期：在生产形态上，从新石器时代向铜石并用时代过渡；在社会形态上，从原始氏族制度向私有制度过渡；在战争形态上，从血亲复仇性战争向扩张、掠夺性战争过渡。随着生产经济发展，人口密度加大，氏族文化碰撞，开始形成史前历史文化区和大的部族集团。当时最活跃的三大部族集团，华夏集团以黄帝、炎帝为代表，主要活动在黄河上、中游，是仰韶文化、龙山文化的创造者；东夷集团以少昊、蚩尤等为代表，主要活动在黄河下游、山东一带，是大汶口文化、龙山文化的创造者；苗蛮集团以三苗为代表，主要活动在长江中游地带，是屈家岭文化、石家河文化的创造者。三大集团内部和相互之间，为了争夺土地、人口、资源和王权，发生

11

了许多战争,其中最著名的有黄帝与炎帝的阪泉之战,黄炎与蚩尤的涿鹿之战,颛顼与共工"争为帝"的战争,尧、舜、禹伐三苗的战争。这些战争对当时的部族融合、文明发展,乃至中华民族统一体的形成,都产生了重大影响。

围棋的孕育和产生,恰恰发生在这个重要的历史时期。这些战争在目的、范围、方式、进程、内涵上都与围棋有惊人的相似。围棋诞生于这样的历史时期和背景下,反映了战争双方进行智力博弈的需要,是人们筹算、布置、推演、证实和再现战争进程的工具。这主要表现在以下五个方面。

第一,战争的目的不在于单纯消灭敌方的首领和军队,而在于实现特定的政治、经济目标,夺取整体上的胜利。阪泉之战和涿鹿之战虽然很激烈,但目的都不是消灭对方的部落,而是通过战争纳敌入我,实现部族兼并与融合,从而在更大范围内取得霸主地位。颛顼与共工之战也没有着眼于消灭对方,而是通过战争剥夺对方的地位和权力。这一点,对于后来围棋形成特有的目的,即不是为了单纯消灭敌方的首领和军队,而是要夺取总体上的胜利,有着重要的引导作用。

第二,战争不是局限于某一城邑或某块地界,而是在广阔的中华大地上运动进行。这些战争的空间范围极其广大,如黄帝、炎帝、蚩尤之间的战争,战场纵横上千公里,跨越今天的河北、河南、山西、山东等数省;尧舜禹伐三苗之战,战场涉及黄河、长江两大流域。这些在上古人类战争史上是绝无仅有的,对围棋形成最广阔的博弈空间、展开大范围的兵力布局、进行全方位的作战行动,具有强烈的启发和示范作用;更重要的是,它对战争领导者以缩微、模仿和原始沙盘的方式进行有效指挥,提出了迫切的需求。

第三,衡量战争结果的标准不是看某个方向、某个战斗是否占有优势,也不是看具体杀死了多少敌人,而是看最终是否夺取和控制了更多的土地,扩展了生存空间。这些战争的结局都是胜利一方夺得了更多的土地、人口和资源,扩大了本部族生存、活动的空间。这就形成了当时判断战争胜负的标准——土地和空间。这样的胜负标准,对于围棋形成以对弈双方谁占有更多的"地"为胜负标准,无疑具有重大的影响。

第四,组织进行战争不是简单地从列阵厮杀开始,而是首先进行全局筹划,作好准备和部署,以取得战略上的优势,而后方可胜敌。阪泉之战,黄帝完全是从战略布局开始筹划和进行战争的。涿鹿之战,黄帝从前期作战失败中总结教训,对后来与蚩尤的决战作了精心谋划,从全局的角度作了充分准备,对蚩尤形成了战略上的优势,为最后战胜对手奠定了基础。舜伐三苗作战,也是先从全局判断开始,确定文、武两手并用的战略布局,在战争中取得了实效。这一点,对围棋形成从布局开始、从全局着眼的弈棋进程与本质特征,具有深刻的影响。

第五,赢得战争不是只靠实力和勇猛,而是更注重运用谋略,从心理上震慑和诱骗对手,利用对方的困难和错误,战而胜之。黄帝用诱敌入伏的计谋、借助气象的策略和巨鼓震敌的措施取得战场优势,是经典战例。而共工用谋不当,企图通过制造洪水冲淹对手,不但没有取得胜利,反而弄巧成拙,导致失败。这一点,对于围棋形成讲究用谋、正确用谋的特点,启发极大。

(三)世界兵棋界的认识

兵棋,是在近现代军事实践中产生出来的,主要用于演示、模拟和论证作战进程的一种谋划和指挥工具,推演的科学性得到大量战例的验证,在现代军事中受到高度重视与广泛运用。

当代兵棋是从古代特别是远古时期最初的"兵棋"发源的。古代兵棋是人类对战争最原始的模拟。西方人推测,兵棋的历史可以溯源到4000—5000年前的中国。当时的军事首领们经常会用石子、木块或动物骨头表示双方的军队,用纵横交错的线条表示地形,摆放出交战的形势,设想敌方行动和己方应对方法,演示按计划进行的作战过程,最后推断出可能的战争结果。这正是最初的围棋。

围棋之所以能够表现为最初形态的兵棋,是由其自身的特质决定的,这就是具象与抽象的统一。围棋的棋子只有黑白两色的区分,没有任何文字或特殊形态的标示,因此可以代表任何数量、规模的作战力量;棋盘只有纵横线条和交叉点,没有任何特殊设定的区域或地形,因此可以标示任何范围、形态的作战空间。这样简单至极的棋具,由于具有了高度的抽象性、概括性和代表性,反而可以表现和推演多样、复杂的战争内容和进程。这主要体现在五个方面:一是大与小,不论大规模的战争和小规模的军事行动,都可以使用;二是多与少,少至一个士兵,多至千军万马,都可以表现;三是远与近,不论是远距离的征战,还是近距离的攻杀,都可以演示;四是虚与实,不论是战争布局的设想还是实际的作战行动,都可以显现;五是动与静,不论是动态变化的战争进程,还是处于静态的战争格局,都可以反映。这样的功用,在当时处于原始状态的战争组织指导上,当然是非常便于掌握和使用的。这说明，围棋最早有可能是应战争的需要而发明的，是用于指导战争设计、演示战争进程或预测战争成败的模型。

四、尧舜创造的教育工具

在围棋发源史上，有一个值得注意的重要现象，就是围棋的产生与来源，与中国远古帝王世系——三皇五帝世系几乎全都发生了联系。从最早的思想渊源，相关的社会条件，丰富的战争实践，到直接的发明创造，几乎都是按发展顺序重合的。历史的逻辑和思想的逻辑实现了有机的统一。

（一）尧造围棋是史上最早关于围棋发明人的记载

中国古代典籍中，关于围棋起源最早、早多也最明确的记载高度集中于尧造围棋。现有古籍中，提及围棋发明人的史源出处，主要的计六种五十二处，除一处外，均为尧造围棋或尧舜造围棋。可见，在中华古代文化体系中，尧造围棋居于围棋起源说的主导地位。

战国时期史官撰写的《世本·作篇》最早提出了尧造围棋，具体内容后人引用时主要有两种表述，一为"尧作围棋"，二为"尧造围棋，丹朱善之"。

西晋张华的《博物志》提出了尧舜造围棋及其动机。后人引用《博物志》关于围棋起源的记载，主要有三种表述："尧造围棋，以教子丹朱。或云舜以子商均愚，故作围棋以教之。""尧造围棋，以教丹朱。""尧造围棋，丹朱善弈。"三者文字略有不同，但本质相同，即尧舜造围棋是为了教子。

把尧与舜联系在一起，说明人们更倾向于认为围棋的发明经过了一个历史阶段，是"圣人"们共同创造的结果。而与教子相联，则反映了人们对"圣人"发明围棋的原因和围棋功用的解读。

围棋由尧舜发明的说法，在围棋主要流行的国家成为共识。1727年，当时日本围棋四家（本因坊、安井、井上、林）当主，在书状上共同签字，确认："围棋创自尧舜，由吉备公传来。"韩国棋界把尧舜当作围棋的始祖。西方一些百科辞典以尧的登基日作为围棋发源的时间。这些都表明，尧造围棋，是历史上普遍接受和认同的结论。

（二）尧舜时期具备了产生早期围棋的条件

围棋或者说围棋的早期形态产生于尧舜时期并不是偶然的，而是客观分析当时社会发展有关方面的实际状态与围棋自身的特点，所得出的结论。

从社会结构看,尧舜时期正处于父系氏族社会后期,部落联盟内部仍实行军事民主制。这一时期被称作"禅让"时代,尧舜禹都是通过禅让,经过民主推举,就任天子的职位。这一点,与围棋所具有的民主、平等特质是一致的。

从科学技术的发展看,这一时期正处于新石器时代晚期,进入铜石并用时代。随着生产的发展,人们掌握了越来越多的萌芽状态的自然科学知识,为围棋这种与天文、地理、数学,特别是经纬、方位、图形、数字、计算等有密切关系的智力博弈游戏的出现,提供了必要的条件。

第二节　围棋从中国走向世界

一、古代中国处于世界围棋发展的中心和领先地位

围棋在中华文明母体中诞生之后,迄今已经走过了近四千五百年的历程。从公元前 23 世纪到公元 17 世纪前叶,共约四千一百年左右时间里,中国始终处于世界围棋发展的中心和领先地位。在这期间,中国创造了灿烂的围棋文化,凡是和围棋有关的发明和创造,几乎都是最早在中国产生和出现的。这些成就不仅承载了中国围棋史和世界围

棋史的核心知识,更为重要的是,证明了中国对世界围棋发展的历史贡献和应有地位。

(一)围棋起源于中国不是一个抽象的概念,而是有着丰富内涵的结论

围棋起源于中国这个结论,是由围棋各个方面具体的发明创造集体构造的,是由历史传承的围棋文化诸多元素积淀、凝聚而成的,是几千年来中国人围棋生活的真实状况和客观记载支撑起来的。考察围棋的起源和国籍,必须综合考察它的全部基因及生成过程,考察其与文化母体的血脉联系和发源环境,在充分占有历史资料并进行科学分析的基础上,才能得出正确结论。

(二)在世界围棋发展的绝大部分时间里,中国处于主体、主导地位

围棋产生后约四千一百年间,与围棋有关的几乎所有的世界之最,都是由中国发明创造。中国是世界围棋当之无愧的中心性大国,对整个围棋的发展起引领和主导作用。围棋发源于上古时代,兴起于春秋战国时期,到东汉、魏晋、南北朝时,发展成为全国性的、最受关注和欢迎的智力博弈

游戏。当时的围棋活动,已经具有相当的规模和深度。围棋发展中遇到的各种矛盾和问题,提出的各种思想和认识,形成的各种规制和技术,进行的各种探索和尝试,当然都是首先在中国发生和完成的。

(三)当时围棋已成为独特的文化体系,处于全面发展、全面领先的状态

中国古代围棋从兴起之时起,就不是单纯的竞技活动,而是带着鲜明的文化色彩,具有丰富的文化内涵,与其他多种文化艺术交叉,形成了独特的围棋文化。从春秋战国时期开始,就有围棋与政治、围棋与伦理、围棋与教育、围棋与战略、围棋与才艺等多种论述出现;到东汉以后,各种围棋文论、艺术、技术、规制方面的成果大量涌现,构成了丰富多彩的围棋文化形态。这表明,当时中国围棋的发展是全方位、多领域的,在世界上处于全面领先的地位。

(四)围棋与民族文化融为一体,进入了社会生活的不同层次和领域

围棋由于与民族文化各个方面都具有相融性,因而能够在古代中国社会各个层面得到开展,不论是在皇室贵胄、

文人士大夫,还是地主商人,抑或是平民百姓,乃至妇女儿童中,都有很多人喜爱,包括军营之中也多有表现。

（五）中国在自身围棋发展的同时,成为世界围棋的发源地、起始国和传播源

围棋在中国产生后,不仅受到中华民族各族人民的喜爱,而且受到其他国家、民族的喜爱。中国的围棋包括围棋文化长期处于世界领先地位,因而必然承担起向外传播的使命。围棋也因此成为古代国家、民族间文化交流的有益载体。

二、围棋从中国走向世界

世界各国各地方的围棋,来源和传入的具体途径与方式有所不同,但共同的根源都在中国,有的是从中国直接传入,有的是经由其他国家和地方间接传入,主要经历了四个历史性年轮:公元 2 世纪前后,即东汉、三国时期,向中原以外的民族地区传播;公元 5 世纪前后,即南北朝时期,向周边国家传播;公元 16 世纪前后,即明、清之际,向欧洲国家传播;公元 20 世纪前后,即日本"脱亚入欧"之后,逐步走入世界。正是在这个过程中,围棋从中华民族发明的文化

瑰宝,升华、转变为全人类共享的智慧之果。

（一）半岛围棋之曦

围棋向朝鲜半岛的传播,在围棋传播史上具有发端性
的意义,是围棋由中国中原地区向整个东亚地区传播的起
点和桥梁。古代朝鲜的围棋活动是中华文化在半岛有着深
远影响的生动例证,是古代中国和朝鲜友好关系的特殊
载体。

1.“以棋夺国”是古代朝鲜围棋活动的最早记载

古籍中关于朝鲜半岛围棋活动的记载,始见于《朝鲜
史略》第一卷,而这件事就和国家的兴亡发生了直接关系。
高句丽长寿王巨琏准备攻打百济,招募了一个围棋达到国
手水平的僧人道琳,假装获罪逃入百济。道琳通过围棋取
得了百济盖卤王的信任和喜爱,乘机蛊惑其滥用国资民力,
大修宫室、城都、王陵,导致百济仓廪空虚、人民穷困。长寿
王见时机成熟,兵伐百济,攻破其首都汉山城,并吞汉江流
域,盖卤王兵败身亡。这一惊心动魄的事件至少说明了四
点:一是当时整个朝鲜半岛都有围棋活动开展;二是围棋深
入到宫廷和社会生活中,王国统治者和僧侣阶层人士高度
喜爱围棋;三是弈棋已达到相当高的水平,有“国手”的称

谓出现;四是此记载当为半岛围棋成熟状态的反映,而绝不是传入的起点。

2."尤尚弈棋"是古代朝鲜的重要文化特征

中国古代史籍对朝鲜半岛围棋的记载,集中于南北朝至隋唐,即公元5世纪至9世纪间。《北史·百济传》:"百济之国,有鼓角,箜篌、筝、竽、箎、笛之乐,投壶、樗蒲、弄珠、握槊等杂戏,尤尚弈棋。"其他同期史籍也都有类似记述,说明了当时半岛围棋的几大特质:一是围棋风气之盛,在社会上十分流行;二是围棋地域之重,集中于半岛西南的百济;三是围棋地位之崇,突出于各种戏乐之上。

3."有类中华"是围棋传入朝鲜时间可能更早的深刻原因

正史记载中朝鲜半岛最早的围棋活动是在公元5世纪,而传入当在更早,有很大可能是在箕氏朝鲜时期,即商末周初之际,约为公元前11世纪中期。周武王灭殷后,商朝王族、重臣箕子不肯臣服西周王朝,率领一批商朝遗民东迁,在朝鲜半岛建国,以朝鲜为国号,设都城于王俭城(今平壤),是为半岛的第一个政权"箕氏朝鲜"。箕氏朝鲜传承了中华文化习俗,《汉书》《后汉书》等史籍都有明确记载,后来唐玄宗也曾提到半岛的新罗国"有类中华"。箕子及族众是否把围棋传到了朝鲜,史籍未有细载。不过,箕子与中国围棋发展的特殊关联,值得重视和关注。传说箕子东行前曾在山西晋城陵川隐居避乱,当地自古相传有"棋子山""棋谋岭""箕子山",后世建有"箕子庙",可见其与围棋的联系不虚。

4."围棋往来"是古代中国与朝鲜友好关系的组成要素

唐朝是中国与朝鲜半岛围棋往来的高峰时期,出现了两个代表性事例。首先,是第一次向朝鲜派出"围棋使节"。737年,新罗王兴光去世,儿子承庆继父位。唐玄宗特派左赞善大夫摄鸿胪少卿邢璹为特使前往吊贺。《新唐书》载:"上诣璹曰:'新罗号为君子国,颇知书纪,有类中华……'又闻其人多善弈棋,因令善棋人率府兵曹杨季膺为璹之副。璹等至彼,大为蕃人所敬。其围棋者皆在季膺之下,于是厚赂璹等金宝及药物等。"这可称为一次成功的围棋外交,杨季膺也因此成为中国历史上第一位"围棋使节"。其次是朝鲜籍围棋高手首次入唐宫任棋待诏,见于张乔的《送棋待诏朴球归新罗》:"海东谁敌手,归去道应孤。阙下传新势,船中覆旧图。穷荒回日月,积水载寰区。故国多年别,桑田复在无。"

（二）东瀛围棋之源

围棋从中国传到日本是围棋传播史上的一件大事,为以后上千年间围棋在日本发展、创新、转型打下了基础。围棋是古代中国和日本文化交流的主要内容,是当时日本以中国为师的生动写照,也是连接两国关系的友好桥梁。

1."半岛"传入是有正史可据的说法

中国史学界和围棋界一般认为,围棋是在南北朝时期(5世纪至6世纪)传入朝鲜半岛,经由半岛再传至日本。《北史·倭国传》:"倭国敬佛法于百济,求得佛经,始有文字,知卜筮,好棋博、握槊、樗蒲之戏。"这是中国史籍第一次记载古代日本围棋,恰恰又与围棋传入日本的源头、途径相关。

日本古籍中最早出现围棋古"碁"字是在《古事记》中。《古事记》成书于712年,说明在此之前围棋已在日本流行。日本典籍中最早的围棋活动记载见于《大织冠传》,说日本天武天皇在686年"御大安殿,唤公卿,有博弈"。日本史学家由此推断围棋是在推古天皇(592—628年在位)以前,随中国文字文物,由大陆来的移民经新罗、百济而传入日本宫廷。这一说法在目前历史学研究中得到普遍认可。

2."遣唐使传入"是近三百年前的郑重结论

江户幕府时期的1727年,日本围棋四家当主合签了一份书状,其中写道:"围棋创自尧舜,由吉备公传来。"书状上呈幕府,以公文的形式表明了对围棋起源和来源两个重大问题的态度,确定了吉备真备作为日本围棋奠基人的地位。吉备真备,是日本奈良时期的著名学者、政治家,曾两次出任遣唐使,为中日文化交流包括围棋在日本的传播发展作出了重要贡献。吉备真备第一次作为遣唐研究生入大唐学习是在 717 年,而在这之前,日本已有围棋活动的记载。后人将吉备真备推为围棋的传入者,是出于对他作为文化巨人的仰慕——因为他学习、带回了大唐先进的文化成果,开创了日本围棋的新局面,促进了日本社会文化多方面的改革。

3. 弈术交流是古代日本围棋提升的重要原因

围棋传入日本后,开始时棋艺水平很低,但随着两国文化交流的频繁与深化,棋艺得到了迅速提升。唐朝时期,日本先后派出多批遣唐使和留学生,围棋是留学生活中的重要内容。据史书记载,他们与唐朝人弈棋的层次很高。一是和皇室下棋。唐玄宗还在当太子时,就多次召随遣唐使来长安的日本学问僧辨正切磋棋艺,登基后还召辨正入宫对弈。二是和国手下棋。最著名的两国顶尖棋手对弈,是唐宣宗时日本王子与中国棋待诏顾师言的著名对局,见于

《旧唐书·宣宗本纪》:"日本国王子入朝,贡方物。王子善棋,帝令待诏顾师言与之对手。"三是和高士下棋。与吉备真备一起随第九次遣唐使团来华的晁衡(阿倍仲麻吕),博学多才,也善围棋。他与大唐诗人王维、李白等交情甚厚,经常在一起吟诗作画、弈棋饮酒。四是派专人学棋。日本天平年间(730年左右),圣武天皇在派往唐朝留学的学生中,还特意安排了一位叫小胜雄的人专门去学围棋。

(三)西方围棋之旅

从中国汉朝时期开通的丝绸之路,打开了中国从西部走向世界的大门,开启了中西方经济、文化交流。到公元15世纪初郑和率领庞大船队七下西洋,彻底打通了经南海、印度洋、红海、波斯湾通往亚洲、非洲近四十个国家和地区,乃至连接欧洲的海上通道,在这场波澜壮阔的文明大传播中,有没有包含围棋的传播,围棋有没有在那时到达欧洲,还需要新的发现和研究。已知的是,在郑和的远洋船队中确有围棋,可能是当时围棋西行走得最远的记录。欧洲人真正知道和了解围棋,始于古代欧洲基督教文明和中华文明最初的碰撞,参与者主要有传教士、朝廷官员、天主教徒、旅行者、数学家、外交官和汉学家,时间从16世纪起到

19世纪中后期。欧洲人真正开始围棋活动,则是19世纪末期以后的事情了。

1. 欧洲传教士的中国之旅

最初把围棋介绍给欧洲的,是三位著名的传教士:意大利的利玛窦(Matteo Ricci)、比利时的金尼阁(Nicolas Trigault)、葡萄牙的曾德昭(又名谢务禄,Alvaro Semedo)。其中最著名的是利玛窦,1582年到达澳门,在华共28年,带来了西方的数学、天文学、地理学和记忆学等科学知识,同时也系统学习了中国传统文化和学术。利玛窦在中国期间,正值士大夫好弈成风,他周围的官员、学者、名流中喜好下围棋的人很多。利玛窦用意大利文把在中国的日记整理汇编成书,到1610年5月在北京去世时已基本完成,但没能出版。金尼阁于1610年秋冬之际到达中国,在1613年2月返回罗马途中,把利玛窦的日记翻译成拉丁文,并作部分增删润色。全部译稿完成于罗马,出版于1615年,这就是举世闻名的《基督教远征中国史》(中译本名《利玛窦中国札记》)。

《利玛窦中国札记》第一卷第八章"关于服饰和其他习惯及奇风异俗"对围棋作了如下描述:"中国人有好几种这类的游戏,但他们最认真从事的是玩一种在三百多个格的空棋盘上用两百枚黑白棋子下的棋。玩这种棋的目的是要控制多数的空格。每一方都争取把对方的棋子赶到棋盘的中间,这样可以把空格占过来,占据空格多的人就赢了这局棋。官员们都非常喜欢这种棋,常常一玩就是大半天。有时候玩一盘就要一个小时。精于此道的人总有很多的追随者,他肯定会非常出名,尽管这也许是他唯一的专长。事实上,有些人还请他们作指导,特别优待他们,为的是学会玩这种复杂游戏的精确知识。"这是欧洲也是整个西方历史上第一次明确地记载并讲述围棋。这些介绍有的是正确的或接近正确的,有的则是不正确的,说明作者对围棋有了解但不够深入,有接触但缺乏研究。

就在金尼阁离开中国的 1613 年,葡萄牙耶稣会士曾德昭到达中国南京。他在华 22 年,于 1636 年返回罗马的路上完成了著名的《大中国志》,其中也描述了围棋。曾德昭的介绍与利玛窦有相近之处,也有不同之处:一是强调双方把对方的棋子赶到棋盘中央,是为了控制其他地方,这当然是指角和边,某种程度上有了"金角银边"的概念;二是明确提出"谁占的地盘多,谁就赢棋",已很接近于"地多为胜"的准确提法;三是所说通常弈棋的时间,"高手之间一盘棋就需几个小时",比"一个小时"显然准确一些;

四是出现了"棋师"的概念,用以指当时的"职业棋手"。以上说明曾德昭在观察围棋的细微处,比利玛窦更进了一步。

2. 中国天主教徒的欧洲之旅

在差不多整个 17 世纪,欧洲对围棋的了解主要都来自利玛窦的描述。直到 1694 年,英国东方学家托马斯·海德(Thomas Hyde)在其名著《东方游戏》中,提供了有关围棋的新资料、新描述,而这些,都来自一位中国天主教徒沈福宗。

沈福宗,今南京人,1681 年随比利时传教士柏应理(Philippe Couplet)从澳门出发去欧洲,1683 年抵达荷兰。沈福宗在罗马等待了半年之后见到教皇,尔后访问了法国并转去英国。

海德是当时牛津大学博德利安图书馆馆长、著名的东方语言学者,对东方棋类游戏具有极大的兴趣。1687 年 4 月,沈福宗到达伦敦,海德把沈福宗请到牛津大学,两人成了好朋友,沈福宗讲述了他所了解的围棋和中国象棋的知识,对海德写作《东方游戏》给予了帮助。海德的这本书在围棋史上占有重要位置,使得围棋在欧洲被视作一项严肃的游戏,并且比利玛窦的记述为更多人所知。

3. 旅行家、数学家的建构之旅

在欧洲围棋传播史上有两位特殊的人物，他们都没有见过也没有学过真正的围棋对弈，但凭着自己的想象描述了围棋的样式，或试图建构围棋的模式。一位是著名的荷兰旅行家约翰·尼霍夫（Joan Nieuhof），一位是伟大的德国数学家戈特弗里德·威廉·莱布尼茨（Gottfried Withelm Leibniz），他们以自己的特殊方式，为围棋的传播做了努力。

尼霍夫在 1655—1657 年间参加荷兰东印度公司派出的第一次访华使团，访问、游历了大半个中国，尼霍夫根据这次经历写成了《荷兰东印度公司使节团访华纪实》。在这本书中，尼霍夫记录了围棋："他们玩一种棋，棋盘中间有一个洞，周围有三百个空格，用两百枚黑白碟形棋子玩。为了得到所有的空格，双方都在寻找机会用自己的棋子将对方的棋子撞入棋盘中间的洞里去。"可以断定，尼霍夫本人根本没有看到过围棋，这段古怪描述完全是从金尼阁拉丁译文的原始错误以及自己的想象中产生出来的。

莱布尼茨，作为伟大的数学家和博学的智者，对中国古代哲学思想具有浓厚的兴趣和深刻的见解。莱布尼茨一直对中国和中国文化深感兴趣，从中获得过不少的启示。《利玛窦中国札记》激起了莱布尼茨对围棋的好奇，他试图利用当时少得可怜的围棋知识和信息,来构建一个自己心目中的围棋模型。后来,莱布尼茨还专门找人刻印了中国的围棋画作,并在1710年发表于柏林科学院《学术纪事》的文章里附上了这幅画作,并提到了自己读到过的中国书籍。

4. 外交官的传播之旅

到19世纪,有关围棋的准确信息主要通过派往中国、日本等国的外交官传回欧洲,而且开始出现中国、日本两种同一起源但不同规则的围棋传播体系。前者主要的倡导者是赫伯特·翟理斯(Herbert Giles)。

翟理斯是英国剑桥大学的中文教授,世界著名汉学家。他于清同治、光绪年间担任外交官,从事学术活动,在华居留多年。他对围棋传播的最大贡献是于1877年写了《围棋:中国的战争游戏》,第一次用英文给了围棋一个完整、准确的说明。他在文中使用了"wei-ch'i"这个单词,专指"中国的围棋"。他介绍了围棋的基本定义和规则,说明这是两个人的作战,关键在于"气"。他介绍了围棋的起源和地位,讲到了帝尧发明围棋的悠久历史和《论语》中的有关评论。他还介绍了如何正确"吃"棋,什么是"真眼"和"假眼",以及"打劫"的意义。他甚至还介绍了让子棋和"双活"，对后者称之为"休战"。翟理斯回到英国后，还为后来出版的由中国外交官徐去疾与丹尼尔·佩科里尼（Daniel Pecorini）合著的《围棋》写了序言。

将围棋提高到更加专业和学术高度的，也是一位在中国担任过外交官的英国人欧金尼奥·弗尔皮切里（Eugenio Volpicelli）。他在1892年发表于《皇家亚洲文会北华支会会刊》的文章中，用很长篇幅描述了中国的围棋，首次介绍了中国古制围棋的坐标系统。

进一步推动中国围棋在欧洲发展的是一位中国外交官福州人陈季同，他从1877年起担任驻法国等欧洲国家的外交官，历时16年。他也是第一个以西方文字在欧洲出版著作的中国人。1884年，陈季同将自己的法文报纸连载文章结集并做一些补充，出版了《中国人自画像》一书，大受欢迎，该书以"弈棋"章节专门介绍了围棋。这是第一本由中国人为西方读者用外文写的包含围棋内容的书。

第二章　围棋是竞技与文化的高度统一

第一节　围棋的定义和表现形态

一、围棋的定义

准确定义围棋,并非一件易事。无论是在古代,还是在现代,人们都曾试图对围棋下一个准确的定义,然而各种定义虽然都在不同程度上揭示了围棋的一些基本特征,却并没有从整体上准确和全面地把握围棋的本质。基于此,我们对围棋定义如下:围棋是由中国人发明、现存历史最悠久的棋类游戏,是以黑白两色棋子,双方轮流行棋,在纵横各19道的棋盘上,争夺361个交叉点中多数交叉点的智力博弈活动。

这个定义,基本上涵盖了围棋的起源、形制、目的、行棋规则、胜负标准和本质属性等六个要素,基本上能够准确而全面地把握和揭示围棋的本质与内涵。

二、围棋的表现形态

（一）围棋是一种典型的文化现象

围棋作为一种典型的文化现象，不仅具有丰富而多样的文化内涵，并且与其他文化体系有着密切联系。首先，围棋是中华文明的产物，必然带有民族文化的烙印。围棋所体现的太极阴阳、五行八卦、河图洛书、天人合一、自然辩证、庙算谋略、天文历法等思想和理念，无一不是中华民族文化的重要组成部分。其次，围棋作为一种典型的文化现象，经过历史的发展和融合，逐渐形成了一套完整的文化体系，即围棋文化。围棋文化与其他文化体系如战略文化、才艺文化、占卜文化、宗教文化、哲学文化、政治文化等之间都有着相互影响和相互作用的密切联系。围棋蕴含的精神内核，如平等、淡定、大气、包容、超然、谦逊、坚韧、果敢、顽强等，也是围棋文化性的生动体现。

（二）围棋是一种高超的思维竞技

围棋作为一种战略性的智力游戏，也是一种高超的思维竞技。弈者以各自的思维水平为根基，动用智慧与谋略，在棋枰上指点江山,攻城略地;而其胜败的关键,则取决于弈者思维水平的高低。围棋所包含的思维竞技复杂而多样,有战略思维、战术思维、辩证思维、逻辑思维、图形思维、数算思维等。如果说运动场是运动员体能的训练场,那么小小棋枰,则是棋手们思维水平的竞技场。

(三)围棋是一种有趣的智力游戏

围棋也是一种有趣的智力游戏,素有"忘忧""清乐"的美名。围棋,更多地表现和承载了人们对于精神生活和艺术世界的追求以及向往,是非功利的,是以自由快乐、超脱达观以及和谐美好为指归的。中国传统社会中的各个阶层都对围棋有着不同程度的喜爱,围棋已经成为他们精神存在的另一种方式。

第二节　围棋的基本特征

围棋的基本特征可以从多方面作出概括,但就其本质的特点而言,主要是指其棋子、棋盘设置和行棋方法、规则方面的特点,即围棋与其他棋类项目的不同点。围棋所包含的各个层面的特性和内涵,如哲学特征、思维特征、文化特征和社会内涵等,都是在围棋基本特点、本质特征的基础上产生的,是围棋基本特点的延伸与表现。围棋的基本特征、主要特点集中表现在以下十三个方面。

一、目的的特殊性

围棋与其他棋类的本质区别,在于目的的不同,即决定胜负的根本方式不同。围棋从根本上来说,是由比较效益决定胜负。在围棋博弈中,胜负不在于是否占据了某些重要地域,也不在于是否吃掉了更多的对方棋子,而是在于双方轮流行棋的情况下,看哪一方子力占据实地的平均效率和总效率更高。

二、棋子投放的逐次性

围棋是空枰开局,与国际象棋、象棋等的列阵开局有根本的不同。围棋对弈双方所有参战子力,不是在对局前事先排列成阵,进行既定力量的对垒和较量,而是按照布局、中盘、收官的进程,逐步进行力量的布设、投放和运用,体现的是战争从谋局、布局、战局到终局的纵向全过程。

三、交战空间的全域性

围棋棋盘没有固定划分的双方子力布设和活动的范围

与界限,也没有固定划分的特殊子力布设和活动的区域与界限,是把棋盘上的所有纵横交叉点,即全部空间范围,提供给对弈双方作为交战的战场。

四、棋子的平等性

围棋棋子没有特殊的身份标志,没有严格的等级界限,也没有固定的力量含义。围棋的每一枚棋子都是平等的,具有平等的"棋格",可以在棋局中扮演任何角色,担当任何任务。

五、子力作用的整体性

围棋子力的能量和价值不是单独体现,更不是预先设定其能力来体现其在棋局中的价值。围棋是通过子力的集合,即一枚棋子与其他棋子形成一定的结构,如包围、分断、破眼、收气、围空等,才能体现其能量和价值。即使是最关键的棋子,也只能通过与其他棋子形成特定关系,在一定的棋形结构中才能发挥作用。

六、行棋方式的自由性

围棋棋子的行动方式没有固定模式,没有预先设定的走法与线路,而是自由选择投放点,是棋子运用自由度最高的棋类运动。

七、棋子运动的结构性

围棋体现了静止与运动的高度统一。围棋棋子投放后己方不可移动,通过逐个投子形成结构性的运动,即通过不断组合变化的棋形结构来体现运动的本质。

八、"气"的决定性

围棋棋子或棋子集团的生存,取决于自身所具有的"气"。做"眼"而得"气",破"眼"而断"气",是行棋中决定生死存亡最重要的原则和技术。

九、棋子数量的标志性

围棋棋盘上棋子数量变化由少变多,反映的是博弈双方势力范围划分的程度,即从抽象到具象、从大体到具体、从模糊到精确的演进过程。

十、虚实演化的变易性

围棋博弈是虚与实的演化,即代表无形利益的"势"与代表有形利益的"地"相互转化,构成战局进程的主线。

"势"的优劣最终要通过"地"的多少来决定,模糊状态的比较最终要通过精确计算的结果来体现。这是对弈中虚实关系交织与变易的根本和实质所在。

十一、利益转换的调和性

围棋对弈中特殊位置的关键点在特定棋形下可以反复争夺,即"劫争"。劫争的直接目的,是关键点的争夺,而结果和本质却是利益的转换。劫不仅关系到直接作战地域双方子力的生死存亡和利益消长,而且关系到作为"劫材"的相关地域双方子力的生死存亡和利益消长。劫争体现了生死存亡的相对性和利益转换、补偿的调和性。

十二、算度的复杂性

围棋计算与判度的复杂和高深程度,在所有棋类中居于首位,是因为围棋棋子的投放具有最大的自由度;围棋棋盘的设置提供了最广阔的作战空间。这些都使得围棋博弈具有了几乎无穷多的选择性。

围棋计算与判度上的一个突出矛盾,是精确性与模糊性的相互交织与转化。在模糊状态中作出相对准确的判度,由模糊状态逐步向精确化靠近,最后达到精确化,这也是围棋独特的高深之处。

十三、胜负的相对性

围棋与其他棋类项目相区别的一个突出特点,是胜负不仅具有绝对性,而且具有相对性。多半目是胜,多 10 目甚至更多也是胜;反之,少半目是负,少更多也是负。胜负的相对性,决定了行棋得失和局面优劣的判断与选择,都具有一定的空间和范围;行棋的态度与方法,也具有一定的空间和范围。

第三节　围棋的双重属性

围棋本身兼具竞技与文化两种属性,既是具有竞技色彩的文化,也是具有文化特质的竞技。

一、古代中国围棋长时期处于文化状态

围棋从一开始,就表现出竞技与文化双重属性统一的特征。尧造围棋、教子丹朱的传说,已经含有从棋戏竞胜到益智育人相互融合的意义。关尹子把"两人弈相遇,则胜负见"与"两人道相遇,则……无胜无负"共为一句, 相提

并论,本身就具有浓厚的竞技与文化于一体意味。

在中国古代文化才艺内容中,不论是周礼六艺、春秋四习、魏晋巧艺、南朝四雅、唐朝四艺还是明朝四适,都把围棋其他主要文化才艺列入其中,共为一个范畴。在中国古代文人雅集中,不论是"南皮之游"还是"西园宴集",都把围棋与诗歌文论、音乐宴游放在一起,相聚并乐。

在中国古代围棋文论中,不论是"五赋三论",还是《敦煌棋经》《棋经十三篇》等,都是把解读围棋的博弈之理即竞技规律,与阐发围棋的精深文理即文化意义融为一体,二者密不可分。在中国古代棋谱合集中,不论是《忘忧清乐集》还是《玄玄棋经》,都是把棋论与棋谱共为一书,文化与竞技合一体现了高度的融合性。

中国古代围棋具有竞技与文化双重属性,并不是说围棋作为社会活动的形态,竞技性与文化性都同样突出。在相当长的历史时期中,包括从古代到近代的主要时间内,中国围棋都处于文化状态。所谓文化状态,就是以文化雅趣活动为主体的状态,与以竞技为主体的状态相区别。

由于封建等级制度和儒家礼义观念的束缚,皇族贵戚之间,皇族贵戚与士大夫之间,士大夫之间的围棋博弈,总体上属于文化雅趣活动。有平等对弈,也有不平等对弈;有竞技性质,但更多属于非竞技性质。在平民市井阶层,由于从事围棋的主要仍为有闲阶层,并非一般劳苦群众,弈棋也要受礼义规范制约,也有一定的文化内容;虽然表现出更多的竞技特征,有人甚至以此谋生,但并不是严格、规范意义上的竞技运动。

二、当代竞技围棋依然具备文化特质

从总体上看,在古代和近代社会,不同阶层、职业的围棋活动性质有所不同,对围棋文化与竞技属性的认知和表达方式、程度也有所不同,但围棋本身所具有的竞技与文化相统一的本质,却不会因此而改变。不管围棋以何种形态出现,终归是要演绎和决出胜负、分出成败的,这一属性是围棋日后成为竞技运动项目的基础。围棋在近现代成为正式的智力竞技运动,是自身具有的竞技性合乎逻辑的发展结果,并没有偏离围棋的本质。

围棋进入竞技时代,更多地表现出竞争性、对抗性、功利性、谋略性和残酷性特征,但是围棋博弈形态的变化,并没有也不可能改变围棋竞技的文化特质,这主要是基于以下几点。

第一,围棋竞技包含诸多的文化元素,体现鲜明的文化特征。围棋区别于其他棋类的一系列重要特征,都具有深刻的文化性质。第二,围棋竞技满足人们的精神需求具有多重性,追求胜利与享受快乐并存。在弈棋中享受的精神愉悦,主要来自文化层面。第三,围棋竞技的灵魂是文化,围棋竞技技术体系的根源在文化。围棋博弈从根本上说是思维的对抗,是文化的较量。在不同形态的围棋博弈中,文化以不同方式发挥主导和引领作用。抢占围棋竞技的高峰,归根结底还是要抢占文化境界的高峰。第四,围棋竞技特有的精神内核与价值取向,打着深深的文化烙印。围棋博弈所崇尚的精神气质,是围棋文化性的生动体现。围棋竞技精神所贯穿的,是追求境界、追求人格、追求高尚、追求完美、追求愉悦的价值取向。这种带有强烈文化色彩的精神内核,是围棋特有魅力的重要源泉。第五,围棋竞技在较高的文明背景文化环境中进行,要求弈棋者具备相应的文化素养。围棋对弈是心灵的对话与交流。不仅对弈的内涵具有高端文化属性,而且对弈的外在形态和相应规范,都处在较高的文化层面。

这些都是围棋竞技文化特质的重要表现,说明在竞技性高度发展的今天,围棋与生俱来的文化与竞技相统一的本质,仍然没有发生变化。

第三章　围棋文化的思维特征

　　围棋文化,是指围绕着围棋以及弈棋活动而产生的文化现象的概括和总结。围棋文化包罗万象,主要涵盖以下三个层面。精神心理方面,围棋与哲学、宗教思想,与民族心理、思维方式的关系,以及围棋与人生、围棋之境界等,构成了围棋文化的核心要素。制度行为方面,棋品棋德、棋规棋约、竞赛体制、组织机构、对局方式,构成了可见的制度行为文化。物质文化方面,围棋文化体现于对弈具、弈地、弈时的选择,折射出弈者的人生态度、精神追求和审美情趣。围棋文化的概念正是对以上文化现象的集中表述和提炼升华。

第一节　围棋体现了民族的精神特质

　　围棋的基本理念、基本特征具有深厚的民族文化渊源,集中体现了中华民族的思维特征和精神品质,概括起来主要有四个方面。

一、思维特征:讲究善思、多谋、精算

围棋行棋和结局变化量的数学结论,在精确与模糊两个方面达到的高深程度,都使围棋当之无愧地居于思维博弈运动计算水平的巅峰,居于人类脑力计算能力的巅峰,成为中华民族善思、多谋、精算特质的绝佳体现。

二、价值理念:追求公平、平等、均衡

围棋充分体现了公平理念,它改变了最早的棋类多以掷彩行棋的非公平的竞智斗巧,而代之以公平的行棋方式,这与中华民族追求公平的理念相一致。围棋充分体现了均衡理念,强调把握全局、双方接受、攻守平衡、降低风险等,这与中华民族追求中庸、中和的理念相一致,即注重利益均衡、转换和调和。

三、道德特征:崇尚集体、整体、全局

围棋强调子力作用的整体性,对弈中投放的每一枚棋子,都是布下的一个能量要素,只有有机组合、聚合成形,才

能生成和释放出巨大能量。中华文化历来以重视整体利益著称于世,视天地万物为一体,人与天地为一物,以中正、和谐为社会的理想境界,这些构成了中华民族整体至上的思想观念与共同心理。围棋恰恰体现了这一点。

四、精神品质:注重冷静、坚忍、拼搏

围棋对弈者的人格形态产生深刻影响,弈者在弈棋中可以砥砺性格、涵养性情、培养坚定沉稳的品格作风。史籍中记载的孔融儿女、谢安等弈者表现出的超凡冷静的自控力,根源于中华民族沉着刚健、坚韧不拔的优良传统,也与围棋文化熏陶密切相关。

第二节　围棋的弈法贯穿了东方的思维方式

在人类文明的发展演进中,棋类也许是最具民族思维特色、最能反映地域文化特征的载体之一。围棋在深受易学、儒学、道学、佛学、兵学思想影响的中国和东方国家产生、发展,同时也是这些思想的化现。围棋的弈理、弈道,充满了道法自然、得道为胜、气为本原、天人合一的哲理气息;围棋的行棋方法包括着法、定式、规则,不仅体现了博弈规

律,更体现了中华民族乃至东方民族的思维方式。《敦煌棋经》《棋经十三篇》等围棋文论,从博弈角度讲,是围棋理论经典;而从文化角度讲,堪称东方民族哲理思想的优秀教科书。围棋弈法中最经典的思维方式,也就是最能体现东方思维方式的主旨和原则,集中蕴含在以下辩证关系中。

一、道胜与战胜

围棋的最高境界是成得道之胜。道,是中国古代哲学思想中表示宇宙、自然和社会规律的最高层次的概念。道用于战争和与战争相关的事物中,则代表根本规律和最高境界。围棋之道,合于天道、人道、王道、兵道,根本的在于合乎自然。如果不合根本道理,不顾主客观条件,勉强相争,则不可能胜利。

二、谋势与围地

势是围棋的核心概念之一,地是围棋博弈的根本目的所在,二者密切关联、相辅相成。势的本意是指力量性趋向。围棋中的势可指大势、局势、外势、趋势、气势等。围棋的本意就是围地,地是直接、现实的利益。势与地是对立统一的辩证关系,本质上属于虚与实的相互转化。围棋对弈中的谋势、造势、审势、用势,最终都要转化为实地即实际利益。势的功能和作用释放、发挥的过程,就是逐步向实利、实地转化的过程,转化的结果,是衡量势的作用的最终尺度。

三、大局与局部

围棋博弈思维高度注重关照全局、把握局部,体现了一种把客观思维与微观思维完全融合在一起的东方思维特征。围棋博弈是由一系列战役战斗相互连接和组合而成的战略全局,把握大局、照应全局,是围棋战略思维的关键原则。照应全局的核心内涵是:全局利益高于一切。行棋所有问题和相互关系的判断、选择和处置,都必须以全局的需要为转移。围棋的全局与局部具有特殊关系,不存在抽象的全局,全局利益完全由各个局部利益组合而成,并通过各个局部的比较表现出来。围棋没有同步、统一进行的全局行动,各个局部的子力不能同时动作,只能按照轻重缓急依次行动。这就使得全局考虑与局部选择具有了高度的一致性,必须根据全局需要确定盘面最大、最紧迫的一手。

四、模糊与精确

围棋是数算的游戏。围棋的计算,堪称人脑计算的巅峰课题。一方面,围棋本身存在着超大计算量;另一方面,围棋计算中又存在着模糊性、相对性、不确定性和非逻辑性特征。在围棋竞技中,精确的计算才能实现高效率,但围棋又有一定的模糊性,以目前的计算水平无法量化。事实上,精确是客观存在的,而模糊是一种主观的认识状态。人的认识有相对性,精确的标准也有相对性,竞技围棋要尽可能提高精确思维的程度,包括在行棋的一定阶段和范围,对行棋方向的准确估量,对多种可能的准确选择,对对手意图的准确判断。这是由模糊转向精确的重要步骤。

五、审美与效率

围棋以图形为表现形式,是一种特殊的图形结构艺术。既然是图形,就有审美问题。围棋棋形审美的价值尺度,从根本上说在于行棋效率。棋形的审美价值必须服从实战需要,服从利益最大化的原则。重视棋形美不能夸大到高于效率、高于实战需要的地步,不能用僵化的思想对待棋形,任何审美、图形的结构都要服从实战需要。

六、中庸与极限

围棋总体上是讲究中和思想,体现平衡、均衡的博弈艺术。这是由围棋特有的宏大棋局、复杂进程和无穷变化决定的。中庸之道是中华民族乃至东方民族的重要传统思想方式,对围棋也产生了深刻、长远的影响。围棋中很重要的就是要在博弈中把握"度",贯彻中和的思想,从而保持棋局的总体平衡。围棋在体现传统思维方式的同时,也包容具有合理因素的多种思维方式,例如勇于面对风险挑战的极限思维方式。在现代竞技围棋中,追求利益的最大化必须勇于面对风险。风险和效果往往是辩证的统一。既要善于以长击短,也要敢于在必要时以短击短。这就是风险和效果的辩证法。

七、定式与创新

定式,是围棋布局和局部战斗中按稳妥的次序、合理的应对、正常的步调,走出双方都能接受的结果,经过反复检验后,被公认的行棋套路和着法。定式不是规则,但对正确行棋具有基础性、指导性和参照性作用。学围棋的人,需要记住一些最基本的定式。然而,定式也有局限性。真正的博弈中,棋局变化无常,没有以不变应万变的可能。因此,对定式,要懂得但不能照搬,要会用但更要活用。在此基础上,还要敢于创新,走出有自己心得的新招。围棋的生命在于创新,竞技围棋的本质要求创新。只有创新,才能超越对手,夺取胜利。

八、谋略与伦理

围棋是充满谋略的智力运动。围棋要善用谋略,既是东方民族战略思维的体现,也是由围棋的特征决定的。围棋作为完全公开状态下的博弈,仍给谋略运用留下巨大空间,这是由围棋的特性决定的——首先是意图表达的组合性,其次是子力布放的多义性,最后是施策应对的随变性。围棋谋略的运用往往带有隐蔽性、预设性、突发性和不可逆性特征。围棋的谋略思维与伦理思维从根本上具有一致性。所谓"正不用谲",不是说堂堂正正下棋就不能用谋,而是不能用违反道德和礼仪规范的手法来干扰对弈。竞技围棋使用谋略的底线是规则,只要符合规则就可以用。

第四章　围棋文化的价值认识与功能

　　围棋是中国人发明的,但中国人对围棋的认识却永无止境。围棋的价值地位,反映的并不仅仅是对围棋的认识,而是国家、民族的精神状态和文明程度。它就像镜子和量尺,反映和测度了整个民族的心态状况、理性水准、智力渴望、包容程度和文明追求。这是我们今天思考围棋价值地位新的着眼点。

第一节　围棋价值认识的表述形式

　　围棋的价值,从根本上说,是它作为智力博弈游戏,满足围棋使用者主观需要的效用、效益。围棋不同的属性和功能,在满足人的需要上表现出多方面、多层次的效用和效益。围棋的本体价值,当然在于满足弈棋者的主观需要;但它的外延价值,却可以延伸到与围棋有关的几乎全部思想和社会领域。围棋价值的多样性,来源于它自身所具有的抽象性。在学术思想领域,抽象程度最高的是哲学;在社会生活领域,抽象程度最高的是战略;在智力博弈领域,抽象程度最高的是围棋。抽象,意味着普遍性、概括性和覆盖性。这也是围棋与哲学、战略高度相通、相似,哲学思维与战略思维贯穿于整个围棋思维,并居于最高层次,而围棋思维可以运用于各个领域的根本原因。

在中国围棋发展史上,对围棋价值的认识主要有五种表述形式。

一、最初的表述形式是安心益智价值

《世本》说"尧造围棋,丹朱善之",张华《博物志》说"尧造围棋,教子丹朱。或云舜以子商均愚,造围棋以教之",讲的都是围棋具有安心静神、开发智力的功效。孔子说"不有博弈者乎,为之犹贤乎已",孟子说"弈之为数,小数也",讲的也是围棋能够使人心有所寄,行为向贤和增强数算能力。尹文子说"以智力求者,譬如弈棋,进退取与,攻劫放舍,在我者也",明确指出围棋是讲求和培养智力的活动。

二、最高的表述形式是天道哲理价值

围棋天生就具有抽象性，这不仅使棋手运子有了极大的空间与自由度，呈现出变化莫测的过程与结果，而且由此成为人们演绎、参悟、认识宇宙、自然、社会和人生之道的生动载体与工具。班固《弈旨》说围棋"局必方正，象地则也。道必正直，神明德也。棋有白黑，阴阳分也。骈罗列布，效天文也"。蔡洪《围棋赋》说围棋"秉二仪之极要，握众巧之至权，若八卦之初兆，遂消息乎天文"。陆九渊说围棋之数即"河图数也"。

三、核心的表述形式是王政战略价值

刘向《围棋赋》说"略观围棋，法于用兵。怯者无功，贪者先亡"，第一次明确提出围棋源于战争和军事，并提出了重要的作战原则。班固《弈旨》说围棋"上有天地之象，次有帝王之治，中有五霸之权，下有战国之事，览其得失，古今略备"，还说围棋"四象即陈，行之在人，盖王政也。成败臧否，为仁由己，道之正也"，第一次明确提出围棋属"王政"的范围，可运用于治国和战争，是与军事、政治密切相关的智力娱乐活动。马融《围棋赋》则依据兵法原则，对围棋实战经验作了高度提炼、概括和总结，提出了许多行棋理论的精彩论断。曹摅《围棋赋》则对此高度概括指出："昔班固造弈旨之说,马融有围棋之赋,拟军政以为本,引兵法以为喻,盖宣尼之所以称美,而君子之所以游虑也。"

四、主体的表述形式是游乐修身价值

梁武帝萧衍《围棋赋》说:"故君子以之游神,先达以之安思。尽有戏之要道,穷情理之奥秘。"刘义庆《世说新语》称"王中郎以围棋是坐隐,支公以围棋为手谈",是以围棋表现玄学、清谈的标志性语言。沈约《俗说》还记录了袁羌弈棋答《易》的故事:"殷仲堪在都,尝往看棋。诸从在瓦官寺前宅上,于时袁羌与人共在窗下围棋。仲堪在里,问袁《易》义,袁应答如流,围棋不辍。袁意傲然,殊有余地。殷撰辞致难,每有往复。"这里,围棋既昭示宅心玄远的妙境,又成了与麈尾同构的替代物。

五、本位的表述形式是竞技制胜价值

关尹子早就说过,"两人弈相遇,则胜负见",强调围棋就是要分胜负的。梁武帝萧衍在《围棋赋》中,对围棋要努力获得胜利的竞技价值说得淋漓尽致:"尔乃建将军,布将士,列两阵,驱双轨。徘徊鹤翔,差池燕起。用怂兵而不顾,亦凭河而必危。痴无戒术而好斗,非智者之所为。运疑心而犹豫,志无成而必亏。今一棋之出手,思九事而为防。敌谋断而计屈,欲侵地而无方。不失行而致寇,不助彼而为强。不让他以增地,不失子而云亡。落重围而计穷,欲佻巧而行促。剧疏勒之迍邅,甚白登之困辱。或龙化而超绝,或神变而独悟。勿胶柱以调瑟,专守株而待兔。或有少棋,已有活形,失不为悴,得不为荣。若有苦战,未必能平,用折雄威,致损令名。故城有所不攻,地有所不争。东西驰走,左右周章。善有翻覆,多致败亡。虽蓄锐以将取,必居谦以自牧,譬猛兽之将击,亦俯耳而固伏。若局势已胜,不宜过轻。祸起于所忽,功坠于垂成。"这段密不容针的骈文偶句充分说明,竞技获得胜利,这是围棋的本位价值所在。上述价值认识的表述形式,有一个十分重要的特点,就是相互关联,兼容共蓄,有深化而无贬抑,有拓展而无排斥,并一直发展至今。

第二节　围棋价值认识与个体人生的交集

一、人是围棋活动的本原和主体

围棋的终极载体是人。人是一切围棋活动的本原和主体。人工智能围棋归根结底是人类智慧的成果与延伸,是人脑的产物及工具。一切围棋史和围棋理论的研究最终都要回归到人这个中心。

围棋是人类智慧的延伸,在很大程度上与人的本质即社会性相关联。人们研究围棋之道、探究围棋之术、追溯围棋之学,从根本上说,是探究人生之道。围棋的价值,因人而生,被人赋予了意义。围棋不只是技、不只是艺,而升华成了一种生活的态度和生命的哲学。

二、围棋塑造人生

围棋不仅愉悦而且塑造人生。围棋与人生的交集构成围棋文化最丰富多彩的画卷。围棋作为中华优秀传统文化的代表之一,在不同的历史时期,都因其对人类精神生活、智力开发、战略文化和人际交往等所具有的功能价值,而与人生发生种种相交,围棋的种种特质直接体现和影响着现实世界中弈者的人生态度、人生价值,为人们提供着人生警示。一副围棋就是一个浓缩了的宇宙,世事人生尽在其中。

围棋包含中华文化的深厚蕴藏,体现和培育综合的文化修养。热爱围棋的人可以通过文化的熏陶,逐渐成为一个内外兼修、表里皆美的优雅之士。围棋不仅为人们带来快乐,还是塑造人生、提升人生的特殊工具。学棋的过程,其实就是品德修养的过程,体悟中华文化底蕴的过程。在切磋棋艺之中,汲取丰厚的中国文化,知棋达理,温文尔雅,聪慧通达而又内心强大,学在棋中,乐在棋中。

三、围棋映射主体的差异

围棋在个体人生中表现不同的功能、扮演不同的角色,完全取决于每个人对待围棋的不同方式和态度。以哲理的眼光看围棋,围棋的价值是多样的、复杂的,甚至有时是二律背反的,这个特点正是围棋特有的魅力所在。围棋在个体人生中呈现出截然不同的面貌,取决于人们对待围棋的态度、尺度和程度的差异。

围棋在不同的人眼中,可以是自我封闭、自得其乐的心灵避难所,也可以是怡情养性、磨砺心志的心灵鸡汤;可以是迷人心智至于误国误家的"木野狐",也可以是寓智于乐、建功立业的精神伴侣;可以是勾心斗角的小技巧,也可以是经天纬地的大韬略;可以是谋生养家、安身立命的手段,也可以是以棋报国、回馈社会的使命。究其根本,还是在于不同境遇、不同状态的人生,对围棋有不同的需求,也在于人们对待围棋的方式,即态度、程度、尺度这"三度"的不同。"三度"的背后是"三观",本质上是体现了个体的世界观、人生观和价值观的不同。围棋在人生中扮演的角色,归根结底是由围棋价值认识主体的态度、行为决定的。

四、围棋影响人生境界

围棋价值在人生中最高层次的呈现是影响人生的态度和境界。南北朝时梁武帝的《围棋赋》写道,"君子以之游神,先达以之安思;尽有戏之要道,穷情理之奥秘",将围棋价值上升到"先达"和"君子"安思、游神的高度。

几千年的中华文明史证实:围棋发展与国家兴衰紧密相连,与民族命运休戚与共。每一个热爱围棋、热爱生活的个人,只要顺应时代的潮流和国家、民族的要求,把个人的命运与国家、民族的命运紧密相连,就都可以让自己的人生价值倍增,熠熠生辉。

围棋之于人生,不只是个体的愉悦和小我的完善,围棋与人生的要义是国家和民族的大义。用围棋思维来观照人生,往往成为人生制胜的法宝。为国家、为大家,才能下好人生这盘棋。通过对围棋文化的研究和阐释,充分发掘围棋的丰富价值,更好地对待围棋、享受围棋、发展围棋,才能让更多人从围棋中受益,进而有益于国家社会,有益于人类文明的升华进步。

第三节　围棋价值认识的文化主体态度

一、儒家:对围棋总体包容态度的奠定

孔孟的思想和学说,构成了中国古代社会主流思想——儒家学派的核心内容和框架体系。在他们的思想体系中,包含着有关围棋的丰富、深刻、精彩的论述,形成了相对独立完整的思想,体现了他们对围棋价值的认识、态度和主张,对后世产生了重要影响。

(一)弈之为数:儒家的六艺之属

早在公元前一千多年的周王朝的官学体系中,六艺(礼、乐、射、御、书、数)就已经成为国子必须掌握的基本才能。《孟子·告子上》云"今夫弈之为数,小数也,不专心致志,则不可得也",肯定了围棋与"数"的关系。"弈之为数"确定了围棋的根本属性和社会地位,而"小数"则是具体的落位。孟子不仅确定了围棋作为"数"的地位,而且进一步明确提出了学习围棋应有的态度:专心致志。专心致志的

前提是尊重,表现是认真。这就是孟子的围棋观。

对此,历代棋论多有涉及。晏天章《玄玄棋经·序》明确指出:"弈之为数,即六艺之数也。"三国邯郸淳的《艺经》首立"围棋"一目,南朝宋刘义庆在《世说新语》中也把围棋归入"巧艺"。唐何延之的《兰亭记》首次将"琴弈书画"并提,及至明末清初,李渔的《闲情偶寄》最早把书画琴棋合称为"四艺"。"琴棋书画"从此成为儒家士大夫乃至传统文人必备的学识修养、艺术品位,审美情趣和精神追求,成为博大精深的中华文化的重要组成部分。

(二)据德游艺:儒家的修德之方

孔子论述中对确定围棋文化地位最具影响的,是"游于艺"的思想。《论语·述而》:"子曰:'志于道,据于德,依于仁,游于艺。'"这句话,完整地概括了孔子关于修身的主要观点,是对人的精神生活与文化才艺的全面性要求,因此被古往今来许多学者视为理解孔学原旨的关键。孔子把"游于艺"与"志于道,据于德,依于仁"这三项在儒家看来如同醍醐灌顶一般的大义放在一起,构成了一个完整统一的思想体系和话语体系,对围棋具有特殊重要的意义。由于围棋总体上属于"艺"的范围,确定了"艺"的地位,也就从根本上确定了围棋的地位。

儒家对于道、德、仁、艺的重视和追求,在弈棋理念的发展过程中产生了显著影响,使围棋不再是一种局限于斗争谋伐的智力游戏,而提升成为修德适情的君子之艺。《宋史·潘慎修传》载:"慎修善弈棋,太宗屡召对弈,因作《棋说》以献。大抵谓:'棋之道在乎恬默,而取舍为急。仁则能全,义则能守,礼则能变,智则能兼,信则能克。君子知斯五者,庶几可以言棋矣。'因举十要以明其义,太宗览而称善。"潘慎修就儒家所倡导的仁义礼智信与弈棋理念之间的关系作了深刻阐述,既从思想上给围棋以正统地位,也用儒家学说来阐明棋理,因此得到太宗的赏识。"元儒四家"之一的虞集,也以围棋可以"制胜保德"之名而将其纳入儒家的"仁""礼"体系之中。这些都充分说明,围棋已经成为儒家士大夫进德修业与游艺适情之不可或缺的才艺。

(三)教化丹朱:儒家的养性之具

在中国传统文化体系中占据主导地位的围棋起源说是"尧造围棋,教子丹朱"。这至少说明:其一,围棋是圣人制器设道;其二,围棋具有教化心性、闲情逸致的功用;其三,儒家学说的本义便是承继圣人制器设道以教化万民,围棋正好满足这两点,因此也被后世儒家士大夫所接受和喜爱,成为他们养性闲情的重要工具。

(四)棋如其人:儒家的识人之器

中国历史上有一个值得注意的现象,就是:不少朝代的当政者通过下围棋,来发现、识别、选拔人才。围棋本身并不具有识人用人的机制和功能,但是围棋特有的内涵、特征和过程,给当政者提供了一个观察、考评人才的特殊视角。

1. 围棋与识人之道

围棋博弈作为心灵沟通、才智争流、意志比拼的过程,可以使人的内心世界、人格品性和综合素质得到自然和充分的显现。其中有些因素,在其他场合是不易被发现的。因此,通过围棋观察人、识别人,有时会相当准确。这突出表现在六个方面:辨志向,辨智略,辨定力,辨性情,辨人品,辨潜质。

2. 围棋与用人之道

北宋欧阳修在《新五代史·周臣传》中说:"治国譬之于弈,知其用而置得其处者胜,不知其用而置非其处者败。败者临棋注目,终日而劳心,使善弈者视焉,为之易置其处则胜矣。胜者所用,败者之棋也。兴国所用,亡国之臣也。"治国好比下围棋,知道把棋子摆在它最能发挥作用的地方,就会胜利,否则就会失败。善下围棋的人把不善下棋的人摆错位置的棋子摆对了,也就胜利了。治国用人也是这个道理。

二、道家:围棋自然辩证的缘起

道家学说是中国传统哲学的主干之一,主要是以先秦老庄之学为代表,以"道"为核心,主张道法自然,唯变所适。道家学说所展示的朴素而深刻的自然辩证思想,也是围棋自然辩证思想的源头活水。围棋对道家自然辩证思想的承继,主要体现在以下四个方面。

(一)道法自然:围棋自然理念的生发

《老子》云:"人法地,地法天,天法道,道法自然。"万事万物的运行法则都是遵守自然规律的,这不仅是老子为我们提供的最高级的方法论,也是围棋自然理念的生发。

首先,围棋象天法地,以分阴阳,是对宇宙自然形象且具体的阐释和表达。其次,围棋"体希微之趣,含奇正之情""任其自然,而与物无竞",也是对自然之道精微且准确的把握和体认。最后,围棋顺势而为,自然而行,更是对自然之理本质且严格的效法和遵循。

（二）相辅相成：围棋辩证思想的贯通

相辅相成的自然辩证思想是道家学说中最具影响的部分，对围棋产生了极为广泛而深刻的影响，在历代弈论中随处可见。清《弈墨·后序》云："用弈之道，柔以制刚，弱以制强。"清代大国手施襄夏也有诗云，"静能制动劳输逸，实本攻虚柔克刚""不向静中参妙理，纵然颖悟也虚浮"。

相辅相成的辩证思想贯通围棋的始终。弈棋的过程中充满了辩证关系，辩证法的基本要素、范畴和规律，包括矛盾双方的相互斗争、相互依存、相互关联以及相互转化，都在围棋中有着充分的体现。

（三）逍遥物外：围棋人生态度的升华

《庄子·逍遥游》云："若夫乘天地之正，而御六气之辩，以游无穷者，彼且恶乎待哉？"逍遥物外所追求的就是超脱万物、无所依赖、绝对自由的精神境界。这种境界体现了"道通天地"与"天人合一"的完美结合。

围棋深受道家这种理念的影响，也因此逐渐成为道家追求自由精神外化的一种生活方式和人生态度。历代许多文人都被围棋所蕴示的逍遥物外、恬淡自由的人生态度和生活方式所吸引、所折服,并且留下了很多咏叹的名篇佳句。如唐白居易的"晚酌一两杯,夜棋三四局",刘禹锡的"地灵草木瘦,人远烟霞逼;往往疑列仙,围棋在岩侧";宋王禹偁的"声拂琴床生雅趣,影侵棋局助清欢",刘敞的"何以消烦忧? 谢墅观弈棋"等。

(四)坐隐方式:围棋玄学精神的物化

围棋又名"坐隐""手谈",说明围棋在发展过程中受到道家玄学精神的影响,为谈玄论道的人士所钟爱,在他们的思想体系中实际上是玄学精神的一种物化。

围棋被魏晋名士所喜爱和追捧的同时,也被他们赋予了玄学精神的特质,使得围棋成为玄学精神的物化,成为名士们寄寓闲情、明达玄理的一种特殊方式。

三、佛家:围棋超然境界的追求

佛教虽起源于印度,却繁盛于中国,特别是具有中国本土特色的禅宗的兴起,使得佛教终于由外来文化转化成为中国传统文化的重要组成部分。儒家积极入世,道家逍遥遁世,佛家则超然出世。超然是佛家区别于儒道两家的一个本质特征,这一特征也深深地影响了围棋。围棋不仅成为弈者追求超然境界的不二法门,也成为弈者表达超然心境的独特方式。

（一）超然:围棋对弈中的出世精神

超然出世,是佛家赋予围棋的一大精神特质。在围棋对弈中,这种超然出世的精神特质集中体现在三个层面:第一个层面是对胜负的超然,第二个层面是对外物的超然,第三个层面是对自我的超然。

1."胜固欣然,败亦可喜"——对胜负的超然

宋苏东坡《观棋》诗云:"胜固欣然,败亦可喜。优哉游哉,聊复尔耳。"东坡一生仕途坎坷,依然不改乐观超然的心境,不能不说与他精通儒释道三家的要义有密切关系。儒家的积极入世,使他无论遇到多少艰难险阻,也不改"致君尧舜"的政治理想,而佛家的超然出世,则使他无论经历多少坎坷磨难,也依旧不改超然旷达的乐观心态。这首《观棋》诗便是明证。

2."山僧对棋坐,局上竹阴清"——对外物的超然

佛家之所以能够超然物外,其哲学基础在于佛教的根本教义"缘起性空"。佛家认为,世间没有独存性的东西,

一切都是因缘和合而生,本性为空。既然世间万物都是缘起性空,因此也就不执着于外物;不执着于万物,自然能够超然物外而乐在其中。正如唐白居易《池上二绝·其一》所描绘的:"山僧对棋坐,局上竹阴清。映竹无人见,时闻下子声。"山僧对弈,见无所见,就是进入了超然物外的境界;而时闻落子,则是乐在其中的乐感之美。正是在佛家缘起性空的熏染之下,对弈者和观棋人都实现了对外物的超然。

3."斧烂仙棋路,花飞佛雨天"——对自我的超然

诸法无我,破除我执。这是佛家能够超然于自我的哲学基础和理论诉求。佛家超然自我而破除我执的理念,通过僧人习弈、对弈的过程逐渐赋予围棋,使得围棋也具备了超然自我的功用和境界。如宋代宋祁《寄题元华书斋》中的"斧烂仙棋路,花飞佛雨天",释怀古《烂柯山二首·其二》中的"百年容易客,等闲一局棋"。在佛教的影响下,弈棋不仅可以超越时空,还可以超越物我,从而使心境达致超然自由的状态。

(二)境界:围棋对弈中的觉悟过程

王国维在《人间词话》中将诗词艺术的境界分为"有我

之境"与"无我之境"。佛教亦有小乘与大乘之分,小乘旨在实现个体解脱,属于"有我之境",觉悟上是自觉;而大乘旨在实现普度众生,属于"无我之境",觉悟上是觉他。围棋对弈中,同样也有"有我之境"与"无我之境"的区别,有自觉与觉他的对比。

1."有我之境"——围棋对弈中的自觉

"有我之境"的弈者无论是弈棋还是观棋,都是以自我为主体,旨在满足自我的某种心理或者精神需求,对弈的过程实际上是实现自我修炼、自我提升、自我满足、自我解脱的过程。

2."无我之境"——围棋对弈中的觉他

在"无我之境"中,无论是弈棋还是观棋,都不再仅仅停留于满足个体的精神需求,而是更进一步,参悟棋理,阐释棋道,成就自己,觉解他人。

第五章　中华围棋文化的体系结构

作为中华文化的形态之一,围棋文化有着完整的体系结构和丰富的精神内涵:包括自然宇宙、社会人文以及辩证博弈的观念体系;涉及历史、学术以及社会的知识体系;统合术语、规则、形制、赛制、流派、博弈等多个方面的技术体系。

第一节　围棋文化的观念体系

围棋文化特有的思想理念,包括阴阳本原、天人合一、图形定式、无所不变、矛盾转化以及中和平衡等,是围棋博弈中的本体论、认识论、方法论和价值观,是围棋文化在哲学层面上的表现,是围棋文化最高层次的内容。

一、自然宇宙观念

围棋文化根植于中华文明的沃土,脱胎于民族国家的文化母体,与中华民族的传统哲学具有高度的同构性。围棋文化作为一个完整的文化体系,理所当然地含有宇宙论的基本构成。围棋文化中的宇宙论可以从三个不同的视角来审视:一是阴阳本原;二是天圆地方;三是时空转换。

(一)阴阳本原

东汉班固在《弈旨》里指出,"棋有白黑,阴阳分也",稍晚的李尤《围棋铭》也认为,"局为宪矩,棋法阴阳",说明围棋是按照阴阳相分相合、相生相变的思想创造出来的。

"阴""阳"是中国传统哲学中的基本概念,也是传统易学思想的核心内容。经过易学的阐发,"阴""阳"具备了形而上的特质,从而渗透到中国传统文化的各个层面。《易经》明确指出:"一阴一阳之谓道。"阴阳对立统一是事物存在与变化的根本规律,即"天道",包括阴阳对立、阴阳互根、阴阳合一、阴阳感应、阴阳消长、阴阳转化等。这些在围棋行棋规律中得到了充分体现。学术界从多方面做了研究,主要包括以下方面。

阴阳对立：阴阳为事物对立的两极，不仅仅黑白棋子，诸如益损、死活、大小、先后、攻守、缓急、取舍、劳逸、厚薄、虚实等，都属阴阳对立。

阴阳互根：阴阳相对相生，互为存在的根据和条件。围棋中的种种关系都是阴阳互根的对立统一关系。《棋经十三篇》说"夫棋者，有无之相生，远近之相成，强弱之相形，利害之相倾"，讲的就是这个道理。

阴阳合一：阴阳合一为太极，阴阳鱼中分别有白点、黑点，是这一特质的形象表示。围棋博弈中的你中有我，我中有你，相互打入、渗透，行棋中的攻中有守，守中有攻，攻守合一，正是体现了这一规律。

阴阳感应：事物的变化都是阴阳的相互感知、相互对应、相互影响、相互作用。围棋行棋布子，一来一往关联密切，如"试应手""抢先手""打劫""引征"等博弈，都是反映双方的相互感应，体现行棋关系中的相互联系、相互影响等。

阴阳消长：阴阳联系中的重要方面是相互消长，不断变化。围棋中的你失我得，我失你得亦是如此。《棋经十三篇》中讲"夫棋者……强弱之相形，利害之相倾，不可不察也"，元严德甫、晏天章注曰"我强则彼弱，此利则彼害，势之必然也",均包含了这样的思想。

阴阳转化:阴阳可以相互转化,这在围棋中十分明显,如死活、益损、大小、先后、攻守、强弱、地势等的转化;又如弃子转化,腾挪变换,所谓"失之东隅,收之桑榆";更有死棋变活棋,活棋变死棋等,在变幻莫测中体现自然规律。

根据周易八卦的思想,处理好阴阳矛盾,把握好阴阳变化,必须合于道,而道的根本点是讲究阴阳相错、阴阳相抵,最终达到阴阳平衡。这些思想,都为以后围棋之道的形成,提供了重要的思想来源。

(二)天圆地方

如果将"天圆地方"的宇宙观视为"道"的话,那么则可以将围棋视为"载道之器"。

首先,围棋对"天圆地方"的宇宙观的认知和解读是直观性的。南朝梁武帝萧衍《围棋赋》云:"围奁象天,方局法地。"这一解读后成定论,被历代棋家所认同。

其次,在这种直观性的认识和解读背后,蕴示着更加深刻且更加本质的义理。"天行健,君子以自强不息;地势坤,君子以厚德载物。""棋圆而动",象天之形,也象天之健。棋子在棋盘上是静止的,但就整个棋局而言,每一枚棋子却都是处于不断变化的运动之中，而其背后正是弈者思维层面和智力层面的变化。因此，棋子的自强不息，实则是弈者的自强不息，同样也是天道的自强不息。"局方而静"，不仅象地之形，也象地之德。棋枰方正敦厚，承载着每一枚棋子，正如大地一样，承载着万物。对弈者而言，棋枰不仅承载着超越胜负的闲情，更承载着希圣希贤的追求。

（三）时空转换

围棋的棋子在落子之前没有任何等级、功能的划分，但是落子之后，每个棋子的力量就会有所不同，在棋局中的作用也会有所不同。这是由棋子在棋枰上的"时"与"位"的不同所导致的，"时""位"直接决定棋子作用的大小。

"时""位"，也是中国传统哲学思想中的重要概念。《易经》认为自然宇宙中的一切事物都应有属于自己的"时""位"，如果错乱就会出现各种各样的问题。因此，"当位""得位""正位"就成为易学思想中重要的价值取向。从更深层次讲，"时""位"实际上就是天道运行的体现。如果说《易经》是通过画卦设象来模拟客观世界和天道运行，那么围棋则是通过棋子在棋枰上的排列勾连来模拟弈者对客观世界的认知和对天道运行的体证。

（四）道法自然

老子曰，"道法自然"，就是说天道与人道，即宇宙万物与社会人伦的运行法则都应该与自然法则保持一致。西汉扬雄称，"围棋、击剑、反自、眩形，亦皆自然也"，指出围棋也是合乎自然法则的。

棋盘、棋子的数字特征和内涵，与宇宙天文之数存在特殊的、内在的关联，这本身就是对自然的阐述。由此，围棋之道自然也就成为了自然之道在棋盘上的再现，清代国手梁魏今就说过："行当乎行，止当乎止，任其自然，而与物无竞，乃弈之道也。"于是，弈者所追求的最高境界，便已分外明晰了。明代国手李釜指出："弈以奇谋入，以巧思参，是犹有童心焉。奇之极而后造于平淡，巧之极而后谐于自然。非真平淡自然也，乃正之至也。"

二、社会人文观念

（一）天人合一

"天人合一"是中华传统文化的独有特征，更是中国传统哲学及围棋文化的核心内涵和思维范式。围棋文化孕育于中华传统文化及其哲学的母体之中，先天带有"天人合一"的思想旨趣和思维范式。围棋的"天人合一"，表现在许多不同的层面和纬度,如法象天地、关联思维、超然境界等。

其一,就法象天地而言,《围棋赋》云:"围奁象天,方局法地。"《敦煌棋经》云:"棋子圆以法天,棋局方以类地。"围棋子分黑白,以象阴阳,体圆局方,以象天地。

其二,就关联思维而言,围棋文化之所以能够承载和蕴示"天人合一"的理念,其关键之处在于二者具备相同的思维方式。所谓的关联性思维,就是以普遍联系为主导的思维方式,将宇宙中的万事万物视为一个相互关联的整体。有关联才会有互动,有互动才会有和谐;而互动与和谐则是关联思维的本质要求。

其三,围棋文化所蕴示的"天人合一"的理念,滋养并提升着历代棋士们的心灵与境界,指引他们体悟"天人合一"的超然境界,在弈棋中追求情趣,达到天人合一、忘忧清乐的意境和心态,这是围棋具有文化性的重要表现。

中国古人认识宇宙、与宇宙沟通的重要理念是人与宇宙一体,体现的是一种统一、整体、和谐的思维方式。围棋蕴含和表现的,正是这样的全局、整体和均衡观。围棋中人与宇宙的沟通最终表现为对弈者之间心灵的交流与碰撞。

(二)图形定式

图形思维是借助和利用图形或者符号而进行的思维活动,是形象思维的一种具体类型,一般会有两个阶段:一是认识、理解图形;二是创造出新的图形。

围棋的图形所表达的是棋手的对弈理念,是对弈双方思想的碰撞。围棋中的图形思维主要表现为两种:一种形式是定式思维,定式即图形;一种是对弈过程中的棋形思维,即棋盘上所呈现出来的图形。

三、辩证博弈观念

(一)无所不变

在古今棋论中,最早论及"变化"的当推汉代班固。他在《弈旨》中指出,围棋与博、投之戏不同,讲求"因敌为资,应时屈伸;续之不复,变化日新"。

及至清代的翁嵩年,更是明言"弈之为言,易也"——围棋,就是变化之棋,可谓是抓住了围棋之道的精髓和灵魂,揭示了变化在围棋对弈中的普遍性和重要性。

(二)对立统一

围棋,作为一门"辩证的艺术",作为一本辩证法的"活词典",自然也蕴含着丰富而深刻的矛盾观。围棋是双方的智力博弈,矛盾对立自然无所不在,诸如棋局当中的大小、奇正、虚实、攻防、存亡、优劣、轻重、缓急、得失等概念,均属此类。与此同时,矛盾不仅仅是对立,更是统一。关于这一点,在围棋对弈中也有深刻的体现。如西晋曹摅所论"二斗共生,皆目并也,持棋合围,连理形也",提出了更为深刻的围棋哲学,那就是"共生",即在矛盾的对立中实现统一。

（三）胜负无常

棋力有高下,棋局也有胜负。胜负对于弈者而言是非常重要的,因此,一些高手也被誉为胜负师。不过,中国围棋深受佛家超然精神的熏陶和洗礼,具备超然于胜负的基本品格。

第二节　围棋文化的道德体系

棋道虽小,品德最高。当代中国围棋作为优秀传统文化的经典内容,必然深深打上道德哲学的烙印,也必然体现和坚守中国特色社会主义价值观念。这主要表现在三个方面:一是围棋的道德品性;二是对弈的道德规范;三是弈者的道德情操。这三个方面相互统一,互为支撑,共同构成了围棋中的道德论。

一、围棋的道德品性

围棋的道德品性与传统哲学中的"道德"内涵一致,即围棋的道德品性是传统社会中的"五德"(仁、义、礼、智、信)在围棋中的体现和延续。

(一)围棋之"仁"

"仁"的概念始见于春秋时期,具有孝父、忠君、惠民、爱人等涵义。孔子"贵仁",提出了以"仁"为核心,仁礼结合的政治、伦理学说。"仁"既指人们内在的心理意识,又指人们行为的基本准则和道德规范。围棋之"仁",首先表现在对人性的重视,"尧造围棋,以教丹朱"的起源说,正说明弈棋可以完善人性;其次表现在不嗜杀伐——围棋不以吃子为最终目的,而以围地求生为最终目的。

(二)围棋之"义"

《中庸》说"义者,宜也",指通过内心的自我调节使思想行为符合一定的准则。孔子提出"君子义以为上"，以"义"为君子立身行道的根本。孟子认为，"人皆有所不为，达之于其所为，义也"，以"义"为"人之正路"及内心固有的道德原则，积极倡导"舍生取义"。围棋之"义"，主要表现为棋手对弈道的操守，如不欺、不侮、不贪、不嗔、不违等。

（三）围棋之"礼"

在中国传统社会的礼法制度中，"礼"起着重要的规范和准则作用。《左传》的"礼，经国家，定社稷，序民人，利后嗣者也"，充分说明了"礼"对于国家政治治理的重要性。孔子提出"仁礼"统一的道德伦理模式，以"仁"为"礼"的道德心理基础，以"礼"为行"仁"的节度。围棋之"礼"，主要是围棋对弈有一定的礼仪规范，也有一套完整的礼仪制度，体现了"礼"的精神在对弈中的延续和承继。

（四）围棋之"智"

《尔雅》云"知，智也"，可见"智"包含两层含义：一是认识论意义上的对事物的认知、知觉和学识；一是道德论意义上的对"知"的领悟以及由此形成的道德理性。"智"作为中国传统伦理规范的"五常"以及"三达德"之一，既是一种理性思维方式，也是一种高明的道德境界。围棋之"智"，在于可以提升人的思维水平，培养人的智慧，激发人的潜质。

（五）围棋之"信"

"信"的本义为诚实不欺，恪守信用。孔子把"信"视为"仁"的主要德目，并引为治民、交友、用人的重要原则。孟子把"朋友有信"纳入"五伦"。董仲舒将"信"列入"五常"。朱熹更说，"信是诚实此四者，实有是仁，实有是义，礼智皆然"，以"信"为纲，涵盖和体现其他"四德"。围棋之"信"，主要是指弈者在对弈时的诚信与互信，不欺瞒，不要滑，公平对弈。

二、对弈的道德规范

道德领域的规范即道德规范，它是一种诚挚的道德信念，一种道德主体发自内心的真诚的渴望。对弈的道德规范属于道德规范的特殊性范畴。这种道德规范主要由两个方面构成：一是遵守对弈中的礼仪规范；二是恪守对弈之道。

（一）遵守对弈的礼仪规范

礼教，是中国传统社会道德教育的主要形式之一，它可以让人们在庄严肃穆合乎法度的礼仪规范中涤荡心灵，提升道德品性。孔子说："不学礼，无以立。"

对弈中的礼仪规范，是中国传统礼教精神在围棋中的延续和体现。遵守对弈的礼仪规范，是一名棋手最基本的道德素养。入座行礼、猜子分先、取子有法、落子无悔、观棋不语、投子终局等环节的约定俗成，在"礼"的层面都各有其特定意涵，必须处处留心。

（二）恪守对弈之道

恪守对弈之道是围棋中道德规范的另一个重要方面。在中国传统围棋文化中，对弈之道主要包括五点，即不欺、不侮、不贪、不嗔、不违。

1. "不欺"。在中国传统道德中，"不欺"有三层含义：不欺己，不欺人，不欺天，即《中庸》所谓"内不欺己，外不欺人，上不欺天，君子所以慎独"。围棋对弈中，双方应该光明正大地公平对弈，不应有欺骗欺诈的行为。

2. "不侮"。中国传统道德强调，不能伤害、侵侮他人。孔子曰："恭则不侮，宽则得众，信则人任焉，敏则有功，惠则足以使人。"孟子曰:"恭者不侮人,俭者不夺人。"围棋对弈中,"不侮"主要是告诫棋手不能以强凌弱,不能因为自己棋力高就瞧不起对手,对弈双方地位平等,应该相互尊重。

3. "不贪"。贪,是欲望过盛的一种表现,佛教"三毒"之一。中国传统道德哲学也认为,人不能贪心、贪婪、过分追求得。孔子所谓"君子三戒"之一就是,"及其老也,血气既衰,戒之在得"。对弈之道中的"不贪",主要指"不得贪胜"。过分贪胜,不仅会导致输棋,还会影响到对弈双方的比赛友谊。

4. "不嗔"。怨恨不平是为"嗔",也是佛教"三毒"之一。中国传统道德中,"不嗔"往往与"不愠"同意,如孔子所谓"人不知而不愠,不亦君子乎"。围棋对弈中的"不嗔",主要是针对结果而言。有些棋手心理素质差,或者过分看重输赢,一旦输棋内心就愤愤不平,甚至言语伤人,显然有悖于对弈之道。

5. "不违"。在古代汉语中,"不违"大致有三种不同的释义,即依从和认同、不远离、无休止,虽然略有出入,但表现出明显的同源性。在围棋对弈当中,"不违"主要是提醒棋手,要虔敬棋道,恪守围棋对弈中的道德礼仪和规范,须曳不可松懈。

三、弈者的道德情操

一般意义上讲,道德情操通常是指道德情感和操守的结合,是构成道德品质的重要因素,是为人处世的基本原则,是社会上层建筑的基础。

如果说商人的道德情操是童叟无欺、诚信互利,军人的道德情操是勇敢顽强、不怕牺牲,官吏的道德情操是清正廉明、奉公守法,医生的道德情操是救死扶伤、悬壶济世的话,那么就围棋而言,弈者的道德情操便是节制、谦逊、忠义、守道。

（一）节制

节制、正义、智慧、勇敢是古希腊道德哲学的"四大美德",而在中国传统道德哲学中,四大美德则是忠、孝、节、义。所谓"节",就是节制。

围棋对弈也要有节制,应该适可而止,不能因为弈棋而荒废正业,否则不仅是对自己的伤害,也会引起世人对围棋的误解,进而影响围棋事业健康稳定的发展。

（二）谦逊

谦，恭敬；逊，辞让。谦逊的本义就是为人处世要懂得恭敬辞让。这是一种美德，也是弈者应有的道德操守。如果说"三人行必有我师"是孔子的谦逊，"未闻齐桓晋文之事"是孟子的谦逊，"认识你自己"是苏格拉底的谦逊，那么"强不欺人，胜不自大"则是棋手的谦逊。

谦逊可以成就大事。张良"圯桥三拾履"的谦逊成就了他的不世之功；刘备"三顾茅庐"的谦逊成就了他的一方霸业；吴清源"中和自然"的谦逊则成就了他的"昭和棋圣"的棋坛地位。

（三）忠义

忠义是中华民族自古以来的传统美德，也是弈者必须具备的道德操守。司马光说"尽心曰忠"，意谓只要能尽己之心，与人为敬，就是忠。"义"则指威仪、美善、公平、正义、适宜等，朱熹说，"义者，行事之宜"。因此，忠义主要含义是对朋友要尽心敬重，要行事合宜。中国有悠久的忠义文化，也产生了很多忠义的化身和代表。

对于弈者而言，忠义表现为一种责任，一种对社会的责任，对国家的责任以及对围棋的责任。棋运与国运密切相连,弈者的忠义,承载起围棋对于国家民族的特殊责任。

（四）守道

"道"既指人道,也包含弈道。守道就是坚守做人之道,坚守对弈之道。守道也是弈者必须具备的道德操守。对于弈者而言,首先是做人,因此,必须恪守为人之道。

正所谓"为学先为人",做人是为学的基础,恪守为人之道也是恪守弈道的基础。其次是对弈,所以必须坚守对弈之道。弈者对弈道的坚守,正如医生对于医道的坚守,老师对于师道的坚守,君主对于为政之道的坚守一样,同等重要。医道的传承需要医生的良心与操守,师道的传承需要老师的无私与奉献,政道的传承需要为政者的勤政与爱民,弈道的传承也需要棋手的坚持与努力。

第六章　中华围棋文化与其他
文化形态的关系

　　围棋文化在中华文化大系中占有特殊位置。作为中华
文化大系的重要组成部分,围棋文化与哲学文化、政治文
化、战略文化、宗教文化、才艺文化等其他文化形态相互影
响,相互促进,相互融合,共同发展。围棋文化根植于中华
文明的沃土之中,与传统哲学文化具有高度的同构性。围
棋从一开始就在国家政治生活层面运行,围棋文化中包含
丰富的王政智慧。围棋文化与战略文化具有共同的思维特
征,围棋文化中的战略思维也是战略文化的题中之义。

第一节　围棋文化与哲学文化

一、围棋哲学及其文化

　　围棋在自身发展深化和升华的过程中,逐渐产生了内

涵丰富的哲学思维,构造了特殊的哲学体系。中华民族传统哲学文化的母体孕育了围棋哲学及其文化的基本形态和主要内涵;围棋哲学及其文化的基本精神又以特殊方式影响了中华民族传统哲学文化的历史和发展。

围棋哲学及其文化主要体现在三个方面:一是"气为本原""道统阴阳"的宇宙论;二是"逻辑思维""数算思维""图形思维"的认识论;三是以辩证法为核心的方法论。

二、围棋哲学及其文化与哲学文化的关系

首先,围棋文化根植于中华文明的沃土之中,与传统哲学文化具有高度的同构性。其次,围棋哲学及其文化与传统哲学文化都是中华文明基因的携带者和重要载体。最后,围棋哲学及其文化与传统哲学文化的发展紧密相连,二者相互促进,相互融合。哲学文化的提升和发展,有助于深化围棋文化的内涵,为围棋文化的传承和发展提供坚实的思想基础和理论资源;围棋文化的普及和繁荣,也有助于民众哲学素养的提升,为哲学文化的传播和发展提供更为丰富多样的表现形式和具象载体。

第二节　围棋文化与政治文化

一、围棋文化与政治文化具有相近的历史渊源

（一）国人对围棋文化及其价值的认知始于政治文化的"王政"与"国政"

近两千年前，东汉班固的《弈旨》提出了最早的围棋"王政说"："四象既陈，行之在人，盖王政也。成败臧否，为仁由己，道之正也。""王政"，即国家智力形态的高端层次——帝王之治。其成败得失，完全要看为政者自己是否能施行仁政，即"道之正也"。《弈旨》还进一步指出，围棋包含有古今帝王治乱得失的规律与经验教训："上有天地之象，次有帝王之治，中有五霸之权，下有战国之事，览其得失，古今略备。"这里已经不是一般的立"象"比德，而是观察历史验之于今的深刻感受，是对围棋文化与政治文化内在联系的透彻揭示。

（二）中日韩三国史上关于围棋的最初记载，都与国政有关

在围棋起源的中国，以及传入最早、影响深广的古代朝

鲜和日本,关于围棋的最初记载,都与国家的重大政治事件有关。迄今最早有关围棋的正式记载,出自春秋末期史书《左传》中大叔文子对卫国权臣宁喜操纵国君更替事件的评论。古代朝鲜围棋活动的最早记载,来自《朝鲜史略》中的"以棋夺国"。日本最早有正式记载的围棋棋谱之一正是1582年本能寺之变前夜的"本能寺三劫之局"。

这些关于围棋最初的记载,都与国家、朝廷的重大政治事件有关,绝非偶然。首先,围棋在当时的社会上层,特别是处于权力中心的朝廷以及军旅、寺庙中十分流行,在这里发生的各种事件,往往因为当局者的爱好而与围棋有了密切关联;其次,围棋本身承载着深厚的政治智慧,其中很多谋略策略,既可用于棋局,也可用于政局,使得围棋文化与政治文化结下不解之缘。

(三)围棋是最早进入国家治理体系的智力博弈活动

南朝宋泰始年间,明帝刘彧置建"围棋州邑"。这是世界历史上第一个由国家建立的围棋专业管理机构,围棋也因此成为所有智力博弈游戏中第一个进入国家治理体系的项目。围棋进入国家治理体系,从另一个方面反映了围棋文化与当时国家政治管理文化的内在联系。

二、围棋文化与政治文化共享相同的话语方式、基本理念与思维方式

围棋文化不仅与政治文化渊源密切,二者还共享相同的话语方式。很多围棋术语进入国家政治领域之后,作为围棋特有的思维方式和理念,与国家管理、运行的某种模式相融合,成为一种通用的概念和思维方式,成了政治语汇。从这个意义上说,围棋文化与政治文化共享相同的话语方式、基本理念与思维方式。

(一)大局与大局观

大局,指围棋博弈的整体局面、作战全局和发展大势。对大局的认识与掌控被称为大局观。大局观是围棋特有的理念和术语,它的基本逻辑和内容是:围棋是一个整体,是由多个相互联系、制约的局部战役和战斗组成的战略全局;任何方向、领域的作战都是全局的组成部分,必须统一于整体的构思和行动之中;要想获胜,必须从大处着眼,通观全局、理解全局、关照全局、把握全局;根据全局和发展大势,确定战略重心,组织作战行动。否则,局部可能得利,全局已经输棋。大局观,是围棋制胜的关键,是围棋博弈思想的核心。

大局,在政治文化领域经常被比作工作、建设的全局;而大局观,则被作为在政治文化上、战略文化上自觉关照全局,处处从大局出发、服从服务于大局的根本原则要求。

(二)布局、中盘与收官

这是围棋博弈的三个阶段,现已被广泛用于表述工作、建设发展的阶段和步骤。布局,是围棋特有的开局方式,也是围棋战略品质的突出表现之一。围棋是空枰开局,从投下第一枚棋子开始,就要进行全局的筹划、设计和部署。中盘,是围棋双方展开全面博弈、较量,局面进入最复杂、激烈的状态,最为关键、最具决定性的阶段,需要集中精力、投入全部力量,争取优势地位。收官,是围棋博弈三部曲的第三乐章,也是最后的旋律。收官的内涵包括定型、划界、确权和收局。收官的水平和质量,往往决定整盘棋的胜负。收官阶段要以细微差别区分胜负,所以战斗仍然激烈。此时,双方鏖战已久,精神容易疲惫,精力不易集中,更要努力保持头脑清醒、感觉敏锐、意志强韧、计算准确,夺取最后的胜利。围棋博弈三个阶段的特征、内涵和要求,对工作发展的阶段性部署和要求有直接的启发意义,因而成为典型且常用的政治术语。

（三）吃子与做眼

吃子是围棋进攻的基本手段，要靠形成合围的态势、收紧对方生存的空间（"气"）来实现。做眼是棋子存活的基本方式，是围棋"气"的决定性的生动表现，两只眼就是可以连续呼吸的气，这是生存的基本条件。做出了两只眼，就有了与对方作战的坚固堡垒和可靠支撑，就可以在对方的包围中挺然生存。有了做眼求活的手段，就有了打入、治孤、攻击、谋势的各种可能。吃子与做眼，不仅经常被用来表达战争中进攻与防御、消灭敌人与保存自己的辩证关系，而且经常被用来表达工作、建设中积极进取与稳步求生存、求发展的辩证关系。

（四）取舍与转换

取舍、转换是围棋博弈中最常用的思维方式之一。转换不仅需要敏锐的眼光、精准的计算和深远的预见，而且需要坚强的意志和很强的魄力。几乎所有的棋类都有子力兑换行为，唯有围棋的取舍转换，堪称战略艺术。围棋中取舍与转换的思想，在治国理政的实践中具有重要的启发作用。为了达成政治和战略目的，保护和获取更大的、带根本性的利益，有时必须付出相应的代价。在某些时间、地点和问题上,也可有必要的妥协或让步。这实质也是一种转换,即空间和时间的转换,使我们能够赢得更多的时间发展、壮大自己。这是一种高级的策略。

(五)双活与共赢

双活,是围棋双方的棋子在局部共同存活的方式。双活是围棋特有的思维方法和行棋方式,具有极为丰富、深刻的思想内涵。双活是通过在局部达成妥协,取得相对利益,而为进一步取得全局优势和胜利服务的一种策略思想和方法,因此具有战略意义。在现实政治中,双方形成局部双活,达成全局平衡稳定的事例很多。"双活"的本质是共存,强调的是双方生存、利益的共同点。能"净吃""全得"固然好,但在双方基本关系不可能打破的前提条件下,双活不失为取得相对利益的策略方法。

三、围棋文化对构建当代政治文化及为政理念的重要启示

围棋文化自身所具有和承载的政治智慧,在不同历史时期,总能放射出独特的光彩,并对当时的政治文化及为政理念的建构产生重要的启示作用。在当今时代,以习近平

同志为核心的党中央,在带领全国人民实现中华民族伟大复兴中国梦的进程中,面对国际国内错综复杂的"大棋局",大力推进国家治理体系和党内政治文化建设,形成了一整套新的治国理念和执政方略,并成为习近平新时代中国特色社会主义思想的重要组成部分。其中,也渗透了围棋特有的思想理念和思维特征。在习近平总书记的重要论述中,有许多精彩的围棋语言与概念,如"全党一盘棋""全国一盘棋""军地一盘棋""世界大棋局""要有正确大局观""下好先手棋""围棋中包含着人生的哲学和世界战略"等,内容丰富而睿智。从围棋思维的角度学习新理念新思想新战略,可以更生动、深刻地理解其中的思想精髓,也可以更充分地感受中华民族优秀传统文化的魅力。

（一）以民为本

"民本思想"是围棋一切思维形态包括战略思维的重要思想根源和人文基础。与其他博弈活动的棋子、牌张由等级规定能量、身份决定作用的设置不同,围棋的每个棋子身份都是平等的,只有被摆在不同的位置即参与不同的实践才体现出不同的价值。"王侯将相宁有种乎",在围棋中得到了生动的诠释。众多普通、平等的棋子,在棋盘这个舞台上,通过有机组合与对手博弈,获胜靠的是"人民",而不是帝王和权贵。围棋体现的民本思想,是对宗法等级制的冲击与否定,符合社会发展、文明进步的要求,包含治国之道的深刻内涵。对此,习近平总书记在党的十九大报告中明确指出:"坚持以人民为中心。人民是历史的创造者,是决定党和国家前途命运的根本力量。"人民是历史的创造者,群众是真正的英雄,人民群众是力量的源泉,在围棋博弈中是形象的比喻,而在当代中国政治文化建设的大棋局中,得到了最充分的诠释。

(二)大道为梦

"道",是中国古代关于宇宙、自然界和人类社会客观规律的最高层次的表述。围棋博弈也讲究和追求"道",古代围棋理论所崇尚的理想境界是"成得道之胜"。所谓得道之胜,就是具有远大目标、宏大境界、宽大格局,符合博弈之道的制胜局面。这种得道之胜的理想境界,表现在当今治国理政的政治文化中,就是国家、民族、人民之梦。党的十八大后,习近平总书记提出了凝聚中国人民理想的"中国梦"。总书记指出:"实现中华民族伟大复兴是近代以来中华民族最伟大的梦想。"总书记讲中国梦,是和"道"紧紧联系在一起的。这个道,既是道路,更是规律。"道路决定命运",沿着中国特色社会主义道路坚定地走下去,就一定能实现中华民族伟大复兴的目标。循道成梦,这正是围棋给予我们解读当今党和国家政治文化的钥匙。

(三)全局为重

围棋是最能体现全局性、整体性、系统性、关联性的智力博弈活动。围棋最注重的是大局。大局观,是围棋制胜的关键,是围棋博弈思想的核心。对于大局,习近平总书记突出强调要牢固树立"大局意识"和"大局观"。这里使用的当然是围棋术语。他明确提出:"要坚持高度自觉的大局意识。""制定各方面决策部署,首先要有正确大局观,站在党和国家大局上想问题、看问题,特别要把所分管方面的工作同党中央重大决策部署衔接起来、统一起来。"从围棋的大局与大局观,思考治国理政中的大局与大局观,不仅可以看出二者的相通之处,更可以得到深刻的启发。

(四)顺势为上

势,是围棋特有的核心概念之一。势的本意是指由力量的一致性、事物的共同趋向和营造产生的潜能,所形成的一种特殊的能量结构和表现形态,善于谋势、造势、审势、用势,是围棋战略艺术的关键要素,而其中的核心内容,是要顺应大势、顺势而上。这一思想精髓,在习近平新时代中国特色社会主义思想的指导下,得到了精妙的运用和精彩的展现。习近平总书记指出:"历史告诉我们,一个国家要发展繁荣,必须把握和顺应世界发展大势,反之必然会被历史抛弃。什么是当今世界的潮流? 答案只有一个,那就是和平、发展、合作、共赢。中国不认同'国强必霸'的陈旧逻辑。"

(五)文化为魂

围棋的本质特征之一是竞技与文化的统一。围棋的魅力,不仅来自思维博弈的错综复杂、机锋相向、谋算智斗,而且来自文化内涵的博大精深、理参阴阳、道行天下。围棋竞技的提升、价值的体现、功能的发挥、礼仪的规范、氛围的营造,都离不开文化的参与和支撑。文化是围棋的魂。而这恰恰是当今治国理政的精要所在。习近平总书记在党的十九大报告中指出:"文化是一个国家、一个民族的灵魂。文化兴国运兴,文化强民族强。没有高度的文化自信,推动社会主义文化的繁荣兴盛,就没有中华民族的伟大复兴。""文化自信是一个国家、一个民族发展中更基本、更深沉、更持久的力量。"

这些重要思想和论述,不仅是中华民族文化智慧的最好诠释,而且展示了新时代政治文化建设的广阔前景。

(六)和合为贵

围棋深受中国传统的价值观念影响,一般不主张随意博杀,这与中华民族追求和合、中和的理念相一致,即注重利益调和与均衡,以中正、和谐为社会理想境界。这一点,在当今治国理政的政治实践中也得到了恰当地运用。习近平总书记把"尚和合"的思想列为中国古代留下的具有永恒价值的内容之一。他指出,"有着5000多年历史的中华文明,始终崇尚和平,和平、和睦、和谐的追求深深植根于中华民族的精神世界之中","'以和为贵''和而不同''化干戈为玉帛''国泰民安''睦邻友邦''天下太平''天下大同'等理念世代相传"。正是在这样的认识基础上,习近平总书记提出了"坚持和平发展道路,构建人类命运共同体"的重要思想。这些思想,与坚定维护国家核心利益的原则立场辩证统一,形成了在当今世界大棋局中纵横捭阖的高度智慧形态。

(七)强己为胜

"先为不可胜,待敌之可胜",是《孙子兵法》阐述的重要军事原则,同时也是围棋博弈的重要原则。下围棋要取胜,首先要把自己的棋走厚、做强,形成强有力的支撑,具备战胜对手的强大力量和条件。强己为胜,这在当今治国理政的战略指导中,具有很强的针对性和启发性。应对复杂的国际国内形势,实现宏伟的战略目标,必须先把党、国家和军队自身建设强。对此,习近平总书记强调:"打铁必须自身硬。党要团结带领人民进行伟大斗争、推进伟大事业、实现伟大梦想,必须毫不动摇坚持和完善党的领导,毫不动摇把党建设得更加坚强有力。"他强调要全面增强党的执政本领,完善党内政治文化建设。

(八)创新为先

不断创新是围棋的本质特征之一,也是数千年来围棋生生不息、长盛不衰的重要内在动因。围棋虽然也有所谓定式,然而真正的博弈变化无常,没有以不变应万变的可能。高手过招有时并不按定式行棋,而是按情势的变化和自己的心得,走出新的变化,后者经过检验和完善也可能成为新的定式。创新为先是发展的普遍规律。在当今治国理政的政治实践中,坚持全面深化改革,全面推进创新,就充分体现了这个道理。对此,习近平总书记曾用围棋的语言强调,实施创新驱动发展战略,一定要"下好先手棋,打好主动仗,对国家和民族具有重大战略意义的科技决策,想好了、想定了就要决断,不然就可能与历史机遇失之交臂,甚至可能付出更大代价"。这是具有深刻洞察和先见之明的博弈之策。

（九）规则为距

围棋虽然千变万化、头绪繁多、错综复杂,但却依靠简单、明确、权威的规则保证博弈的合理、顺利进行。围棋规则的最大特点是与着法高度统一、融合,即使在没有裁判的情况下,靠棋手的自觉,也可以正常进行博弈。这一点,对当今治国理政是有启示意义的。党的十九大报告明确提出:"全面推进依法治国总目标是建设中国特色社会主义法治体系、建设社会主义法治国家。"针对存在的问题,习近平总书记指出:"必须适应国家现代化总进程,提高党、国家机构和人民群众依法管理国家事务和其他事务的能力。"他强调:"不论处在什么发展水平上,制度都是社会公平正义的重要保证。""要努力形成办事依法、遇事找法、解决问题用法、化解矛盾靠法的良好法治环境,在法治轨道上推动各项工作。"

（十）效率为要

围棋与其他棋类根本的不同点在于目的不同,围棋是由行棋占地的比较效益决定胜负的,即在双方轮流行棋的情况下,看哪一方子力占据实地的平均效率和总效率更高。围棋的这一思维特征,对理解和贯彻当今新发展理念,建设现代化经济体系有深刻的启发。习近平总书记指出:"我国经济已由高速增长阶段转向高质量发展阶段,正处在转变发展方式、优化经济结构、转换增长动力的攻关期,建设现代化经济体系是跨越关口的迫切要求和我国发展的战略目标。必须坚持质量第一、效益优先,以供给侧结构性改革为主线,推动经济发展质量变革、效率变革、动力变革,提高全要素生产率,着力加快建设实体经济、科技创新、现代金融、人力资源协同发展的产业体系,着力构建市场机制有效、微观主体有活力、宏观调控有度的经济体制,不断增强我国经济创新力和竞争力。"

（十一）自然为根

中国传统的围棋理论、文化,都把围棋看作是一个宇宙和自然的空间,其中发生的变化犹如阴阳五行、日月星辰、四季寒暑、人文天象一般有序地运行。围棋博弈,最终还是要回归到崇尚自然、顺应自然、天人合一的境界。这种尊崇自然的思维方式,与当今治国理政中重视生态文明的科学理念,是高度吻合的。习近平总书记指出:"人与自然是生命共同体,人类必须尊重自然、顺应自然、保护自然。"他强调:"建设生态文明是中华民族永续发展的千年大计。必须树立和践行绿水青山就是金山银山的理念,坚持节约资源和保护环境的基本国策,像对待生命一样对待生态环境,统筹山水林田湖草系统治理,实行最严格的生态环境保护制度,形成绿色发展方式和生活方式,坚定走生产发展、生活富裕、生态良好的文明发展道路,建设美丽中国,为人民创造良好生产生活环境,为全球生态安全做出贡献。"这才是先进、科学的社会主义生态文明观。

第三节　围棋文化与战略文化

一、中华传统战略文化的特征与表现

在中华民族文化几千年的历史发展过程中,形成了内涵丰富与特色显著的战略文化,深深打上了中华文明的烙

104

印。这种战略文化反对以力制人的霸道,崇尚以德服人的王道;提出了"慎战"和"重战"交互为用的战略思想,讲求"不战而屈人之兵"的战略理念。传统的战略文化彰显了中华民族源远流长的和平主义情怀与德政慎战的政治智慧,主要包括:崇尚仁政,以德服人;慎战重战,师出有名;贵谋重算,不战而胜;实力为本,造势任势。

二、围棋文化中蕴含丰富的战略文化

战略是人类社会领域最高层次的智慧和艺术,围棋则是最具有战略性的智力博弈运动。围棋所包含的战略要素,在所有智力博弈运动中是最丰富、最完整的。

围棋在长期的发展进程中,形成了庞大复杂而又不断更新的战法体系,以及丰富多彩并且与时俱进的思想体系,其中最具特色和居于主导地位的是战略思维。围棋以追求全局的总体效益、利益和胜利为根本目的,反映在博弈思想上,就形成了特别重全局的战略意识,即大局观。战略意识和大局观,是围棋博弈思想的核心。围棋与古今战略博弈紧密相关,古往今来的宫廷斗争、军事斗争、外交斗争以及各个领域的战略博弈中,到处都有围棋的印记。围棋战略思维的功能和作用,从棋局博弈延伸到了社会实践的方方面面。围棋的战略智慧,堪称国家、民族和全人类精神宝库中的珍贵财富。

围棋战略思维起源于古代战略文化,在长期的发展实践中形成了自己的思想理论体系。围棋战略文化是围棋文化的核心,同时,又以特有的典型性、实用性和很强的渗透力、影响力,成为整个战略文化大系统中的一个重要组成部分,在人类战略文化领域中占有一席之地。围棋的许多战略思想,都超越了围棋本身,上升到国家战略层面,这是一些其他领域的思想文化成果所不能达到的。

第七章　智能围棋时代的文化解读

　　围棋与人工智能(AI)结合,产生出智能围棋这一新的围棋形态和新的人工智能形态;并在短短两年之内,实现了从"阿尔法围棋"(AlphaGo)到"大师"(Master)再到"阿尔法元"(AlphaGo Zero)的技术更新,一跃成为当今世界最为神奇,最吸引人眼球,也最具震撼力的事件之一。这宣告了一个新的围棋智能时代的开启,也宣告了一个新的围棋文化形态的出现。围棋文化新形态的出现,需要我们更新过去对围棋以及围棋文化的认识;而人类的理性特别是凝聚于围棋文化中的人类智慧,也在人工智能围棋的发展中得到前所未有的彰显和升华。

第一节　智能时代人类围棋的本质和主体

　　进入智能时代,围棋面临多方面的深刻变革,需要对人类围棋的本质和主体做出正确的诠释、认知和定位。

一、人类围棋的本质仍是人与人之间的思维对抗

围棋自起源始,就体现出深厚的人本精神,强调人与人作为同等主体之间的博弈。围棋的诸多价值,都是在人与人之间进行思维博弈时得以体现。进入智能时代,虽然人机对弈成为一种新的形式,亦有特殊的价值,但无法取代人类围棋的本质。

围棋有"手谈"之雅称,是人与人交流的一种高妙形式。双方在棋盘上交替落子,内在过程是互相揣摩对手的意图,并用落子作出回应。这一交流超越了语言而直抵思维和意识本身,是围棋的重要价值。人与机器对弈的过程失却了交流的意涵,只是纯粹技术的较量和练习。围棋实践的主体仍然是人,本质仍然是人与人的思维博弈活动。

二、人类如何向智能围棋学习

智能围棋已经成为人类研究、探索围棋奥妙和极限的最佳工具,如何向智能围棋学习成为一个重要课题。在宏观层面上,向智能围棋学习将经过模仿、借鉴、回归、升华这四个阶段。

智能围棋展现的新技术还不能为人类所完全理解,在这一时期以模仿为主,棋手能够通过自身的实践去解开这些新技术的奥妙。由于围棋变化太多,不可能完全模仿,因此将进入借鉴的阶段。借鉴是选择性的、包含个人理解在内的模仿,是模仿的升华形式。在对智能围棋的新技术有了较多实践经验之后,需要回归到人类的思维范式,将智能围棋用数据给出的落子,用人类所掌握的道理和擅长的方式来接收。一切模仿、借鉴智能围棋的着法最终都要在吸取必要的营养后,回归基于人脑计算能力和人类思维规律的博弈范式上来。人类将这些累积的经验和道理经过认识加工升华为全新的棋理,这一步不仅将意味着人类围棋技术水平的一次飞跃,也意味着人类围棋技术的提升带动了人类对普遍道理的认知的提升,具有超出竞技之外的文化价值。

三、智能围棋是人类围棋的朋友

智能围棋的出现,将极大地丰富人类围棋活动的形式。由于智能围棋具有高度的技术优势,在与人类合作、服务于人类围棋中,将形成六个实用体系,即技术体系、裁判体系、数据体系、传播体系、教育体系、娱乐体系。具体地说,人工智能围棋将对人类围棋事业发展提供推动力，释放正能量，并扮演如下角色：可敬的对手、无私的教练、忠诚的陪练、公正的裁判、并肩的学者、不倦的教师、铁面的考官、呆萌的玩伴、掌上的翻译和不竭的智库。

第二节　智能时代围棋文化发展的历史机遇

一、文化与竞技的双重魅力更吸引人

进入智能时代，人类棋手在对弈正确度上的权威性已逐渐让渡给智能围棋，但围棋作为竞技与文化统一体的魅力并未消灭或减弱。相反，人类围棋不再束缚于自身的权威性，反而让围棋获得了许多新维度的文化解读视角。

例如，未来解读棋局，可以采用许多人机合作的方式，在对局者、人工智能、解读者和观众这四者之间形成一种全新的由同一盘棋联结的文化关系，使围棋的竞技魅力和文化魅力有机结合，共同呈现。

二、大众的围棋文化需求更加突出

围棋本身具备诸多文化价值，如智力开发、乐趣享受、艺术追求、意志磨砺、交友联谊、健脑健身等。随着物质水平和科技水平的提升，大众的基本生活质量的提升，这些文化价值将得到越来越多人的认同。随着大众欣赏水平的提升，围棋这样一种与智能相关的极具文化内涵的高雅活动，在智能时代的未来发展中将会受到更多人的青睐。

人工智能极大地增加了围棋的影响力，围棋以人工智能这种新鲜的形态，得到了世界范围的巨大关注，这在围棋发展历史上是前所未有的。在这样的背景下，围棋文化本身的研究、建设和呈现方式也将会得到全新的发展，从而与时代的文化需求相应和，充分发挥围棋在智能时代中的文化作用。

三、作为国家文化软实力的优势更突出

围棋是公认的当今时代国家文化软实力的有机组成部分。习近平主席强调，要对世界"讲好中国故事"，无论古代、现代和当代，围棋都是最好的中国故事之一。

2004年10月，习近平同志在浙江省衢州市考察调研

时,明确提出了"围棋文化"的概念,指出:"围棋文化要进一步提高运作水平,开展一些有影响力的活动。"这是迄今党和国家主要领导人和世界大国领袖第一次专门就围棋文化所作的重要指示,具有重大的指导意义,已成为整个围棋文化和围棋建设的主题和灵魂。

在当代,围棋人机大战吸引了全世界的目光,而围棋的向外传播已成为中国的文化输出。这种文化输出是非教条、非对抗性的,能够体现中国文化中所强调的"王道"与"中和"。围棋"手谈"是超越语言的、最好的国际沟通方式之一,可以从游戏技能的沟通,进而发展为智慧灵感、文化理念、思维方式的沟通。

现在,围棋已经成为中国联结世界、世界联结中国的一种纽带、桥梁、窗口和平台。世界对围棋的认知,不论经过什么途径和方式,最终都要回归到对中华文化的认知上来。围棋作为特殊的文化形态,不论是对国家文化软实力的增强,还是对其功能的发挥,都具有独特的、不可替代的作用。

四、数理与道理在揭示围棋奥妙上殊途同归

数理与道理是人类认知、理解围棋的两条路径,人类认知围棋的方式,实际上就是人类普遍的认知方式在围棋上

的应用。面对世界,人类在一些场合用数理的方式来认知,在另一些场合用道理的方式来认知。

智能围棋是更多地用数理的方式在围棋技术上达到了远高于人的高度,但人类棋手用道理的方式在很大程度上弥补了数理能力的不足,人从围棋中抽象出"厚薄""虚实"等等概念,又以此作为认知基准制定相应策略。这些道理的方式具有很强的普遍性,使人们在围棋中总结的道理可以用在围棋之外的很多地方,而这种道理的普遍性既是人类思维的长处所在,也是围棋文化的一处重要根基。

通过围棋来比较研究人的思维模式与人工智能算法,对于脑科学、人工智能以及哲学领域的发展都具有很高的价值,对于人类的自我认知能够起到正面的作用。

第八章　中华围棋文化与当今世界

第一节　当代中国围棋复兴发展之路

一、当代中国围棋发展的三个阶段

中华人民共和国成立之后,随着国力的强盛和时代的发展,围棋事业尤其是竞技围棋的发展呈现出波浪前行的趋势,大致有三个突出的波峰发展阶段:一是20世纪60年代,崭露头角;二是20世纪80年代,冲击霸主;三是21世纪初叶以来,争夺巅峰。

竞技围棋重回顶峰的同时,中国在围棋人口方面的优势更大了,在组织和赞助比赛方面也居于绝对领先位置。在三次竞技围棋波峰的推动下,尤其是在进行了实体化改革的中国围棋协会提出"围棋七进"(进企业、进学校、进社区、进机关、进农村、进部队、进家庭）之后，中国的围棋人口增长迅速，至 2021 年年底已达 6000 万人，有段级位者已达 1500 万人；围棋组织、机构近万个；现有的 13 项世界围棋赛中有 10 项是由中国主办；每年举办的全国性、国际性围棋赛事多达百个。成为毫无争议的世界第一围棋强国之后，中国的围棋人口、赛事活动仍在快速增长。2019 年中国围棋大会包含 31 个竞赛项目、6 个主题展览，6 万人观看、参与比赛和活动，成为迄今围棋史上最大规模的活动。尤其是，在这次中国围棋大会期间成功举办了"世界围棋发展峰会"，来自五大洲 55 个国家（地区）的七十余位围棋组织领导人参会。峰会以发展、联谊为主题，安排各国（地区）围棋领导人观摩中国围棋大会盛况，聆听中国对当今世界围棋发展的主旨讲演，举行"世界共下一盘棋"联谊比赛，参加各国（地区）之间的对弈、对话、对接活动，参加讲述本国围棋故事和共商世界围棋发展大计的大型圆桌论坛。

二、新时代围棋文化基因构成

当代中国围棋文化由三方面的基因组合构成。这就是传统文化基因、红色文化基因和时代文化基因。习近平总书记指出："中国特色社会主义文化，源自中华民族五千多年历史所孕育的中华优秀传统文化，熔铸于党领导人民在革命、建设、改革中创造的革命文化和社会主义先进文化，植根于中国特色社会主义伟大实践。"这一论述，完全符合中国围棋文化发展的实际情况，具有根本的指导意义。

围棋的传统文化基因，是指围棋孕育、起源于中华文明母体，是中华民族五千多年优秀传统文化的产物。围棋文化中聚集、积淀、融汇了太多的民族文化优秀基因，是当之无愧的国宝、国粹、国艺，是特殊形态的国学。围棋的红色文化基因，是指当代中国的围棋文化，不仅源自优秀传统文化，而且源自我党我军在长期革命斗争实践中所形成，并且传承至今的热爱围棋的优良传统。中华人民共和国成立后，当时社会上已经濒于衰亡的围棋，完全是在党、国家、军队领导人的关心和大力扶持、推动下，重新走上复兴之路的。当代中国的围棋文化，理所当然地属于党领导人民创造的革命文化的一个组成部分。围棋的时代文化基因，则是指由社会主义先进文化、科技文化、外来文化的优秀成果所共同赋予围棋的时代内涵。

新时代中国围棋文化所蕴含的三方面基因证明，它与中国特色社会主义文化的各个部分共享相同的文化母体和文化资源,是中国特色社会主义文化的有机组成部分和题中应有之义。因此,它有责任、有义务按照"不忘本来,吸收外来,面向未来"的要求,坚守中华文化立场,讲好围棋领域里的中国故事、革命故事和时代故事。

三、中国围棋的改革目标和战略目标

在 2017 年 12 月 29 日举行的中国围棋协会换届会议上,林建超主席代表协会提出了中国围棋的改革目标和战略目标:让围棋成为新时代人民美好生活的组成部分;使中国重新成为世界围棋的中心性强国。

让围棋成为新时代人民美好生活的组成部分,是党的十九大精神在围棋领域的具体体现。党的十九大报告指出,新时代我国社会基本矛盾已转化为人民日益增长的美好生活需要和不平衡不充分的发展之间的矛盾。人民美好生活的需要有多个方面,能使 6000 万围棋爱好者高兴、愉悦、受益的围棋,也是其中之一。随着人民群众精神文化需求的增长,围棋作为优秀传统文化的经典内容和代表性项目的价值日益凸显;发展围棋事业,对于满足人民群众的美好生活需要的作用越来越大。围棋的改革创新,与党的十九大报告精神、习近平新时代中国特色社会主义思想、中国

体育改革发展总体目标高度吻合,是建设社会主义文化强国、开展全民健身运动、加快建设体育强国的题中应有之义。

实现中国重新成为世界围棋中心性强国的战略目标,具体包括以下六个方面内涵:一是要确立中国围棋在当代世界围棋竞技中的领先地位;二是要在围棋规则的统一中居于主导地位;三是要在围棋力量的发展上形成主体地位;四是要在围棋的推广普及上形成主力地位;五是要在围棋文化建设上形成主流地位;六是要在运用先进科学技术推进围棋发展上占据主营地位。

第二节　围棋在文化软实力竞争中的一席之地

围棋无论是作为一种智力竞技、文化才艺还是休闲游戏,总体上都属于国家文化范畴,而文化是构成国家"软实力"的重要组成部分。最早提出"软实力"(Soft Power)概念的美国学者约瑟夫·奈(Joseph Nye Jr.)认为,"软实力"是价值观念、生活方式、社会制度的吸引力和感召力,是建立在此基础上的同化力和规制力,它比强制威胁的方式更文明、更持久。这一理念已被国际间普遍关注并加以引用和使用。

实际上软实力的观念并非新事物,中国人对它早有体会。古代中国有关"王道"与"霸道"的区分,其实就是指重视软实力和一味强调硬实力的两种理念和行动方式;"得道多助,失道寡助"表现出了对软实力的政治价值和政策的政治功能的重视;"百战百胜,非善之善者也;不战而屈人之兵,善之善者也"则表现出了对软硬两种实力综合运用方式的肯定。这些可以说是软实力观念的中国式表达。

围棋能够在国家文化软实力中占有一席之地,从根本上说是由它的文化属性、功能特质和世界认可度决定的。围棋具有超越国界、民族、时代、阶层、文化意识形态和人的个体差异的普世价值和世界意义,在与人工智能结合后拥有了更多的当代价值。

一、中华优秀传统文化的标本

围棋文化在中华文化大系中占有特殊位置。一方面,作为中华文化的一种形态,围棋文化有着完整的体系结构和丰富的精神内涵。另一方面,作为中华文化大系的重要组成部分,围棋文化与其他文化形态相互影响,相互促进,相互融合,共同发展。

围棋价值的多样性特质决定了围棋文化的多样化形态。围棋在满足人们的不同需求中形成了价值的多样性特质。围棋价值的多样性与不同层面、领域的文化艺术相互交叉和交融,构成了丰富多彩的围棋文化形态。古往今来的围棋文化,其表现形态不仅包括以精深的围棋文论、系统的棋艺经典、众多的棋谱合集、浩瀚的围棋文艺作品、真实的棋史实录、完整的围棋规制等为主的古代形态,而且包括以棋理文论、棋史专著、考古报告、弈典辑校、学校教材、影视作品、网络作品、文学作品、新闻作品、美术作品、书法作品、摄影作品、音乐作品、舞蹈作品、工艺作品等为主的现代形态。

围棋文化形态的多样性,不仅展现了围棋文化的无限魅力,而且展现了中华文明的灿烂辉煌。

二、世界了解中国的窗口

围棋在当今世界,已经被视为中国文化的形象符号和东方智慧的典型代表,成为向世界各国人民展现中华文化魅力的重要窗口。越来越多的外国人通过围棋了解中国,借助围棋走近中国,透过围棋爱上中国。

欧洲人最初对围棋的认识,完全是从中国、中国文化、中国魅力开始的。从 17 世纪到 19 世纪下半叶的大部分时间,欧洲人通过利玛窦的《利玛窦中国札记》,直至翟理斯的《围棋:中国人的战争游戏》,知道了围棋这种充满神秘色彩的中国文化形式和智力游戏。而后将近 100 年的时间里,日本在围棋向欧、美的传播中起到了主导性作用,但即便如此,围棋不论传播到哪里,处在什么条件下,仍然深深地打着中华文化的烙印。1881 年,德国人奥斯卡·科歇尔特(Oscar Korschel)系统介绍围棋的著作,标题是《日本人和中国人的游戏:围棋——国际象棋的竞争对手》。1929 年,美国媒体采访著名学者保罗·狄拉克(Paul Dirac),问起"什么是你最喜爱的运动"时,这个把围棋从剑桥大学引入普林斯顿大学的人回答说是"中国围棋"。

世界特别是欧美国家,对围棋价值的认识与肯定,主要是通过文化角度。可以说,围棋是以思想文化上的特有魅力,震动、震撼乃至征服了世界。这主要表现在三个方面。

一是在欧美人眼中,居然有一个比欧美上流社会喜欢的国际象棋更高级的智力游戏——围棋。二是在人类文化遗产中竟然有一个没有任何文字标志却可以解读中国古老文化和宇宙间奥秘的活标本——围棋。三是在西方战略文化研究中赫然有一个受到几乎所有战略家尊重的特殊兵棋系统——围棋。

三、国际友好交往的平台

随着历史的发展,现在中国重新回到了世界围棋中心性大国的地位,围棋作为国家文化软实力的作用也越来越明显。成立于 1985 年的国际围棋联盟(IGF)现已有超过80 个成员国,其中欧洲国家就有 38 个。中国已先后两度担任该组织的轮值主席国。

很多欧洲人认为,围棋是一种思维方式,它对锻炼脑力能起到极大的作用。学习围棋,可以亲身体验中国文化,并且逐渐喜欢上中国。据欧洲围棋联盟(EGF)主席马丁·斯蒂阿斯尼(Martin Stiassny)介绍,越来越多的欧洲人开始下围棋,专业棋手也不断增加,现在已经有更多的人到中国等围棋强国学习。2013 年 8 月,中国北京的一家文化传播公司与欧洲围棋联盟正式签订了为期十年的发展契约。自2013 年至 2022 年,中方将为欧洲围棋投入发展基金,以增强欧洲围棋实力,帮助欧洲建立职业围棋体系,在北京建立欧洲职业围棋培训基地,培养欧洲顶级围棋选手,搭起中欧文化交流新桥梁。马丁说,欧洲围棋大会是世界上最大的围棋盛会,历时长达两周。恐怕在其他任何地方都找不到这种连续用计时钟下十五天的正式大型比赛。友谊赛、正赛、娱乐赛、混双赛、儿童赛,还有超快棋,林林总总。可喜的是,来自中国和东亚地区的参赛者正不断增多。

多年来的美国围棋大会,中国有关方面也都派代表参加。美国围棋协会主席安德鲁·奥肯(Andrew Okun)发表声明:"中国人民对外友好协会和中国棋院及围棋协会支持北美传播围棋,共建北美围棋社区,对此我们表示由衷的感谢!"

2013年4月,由中国上海应昌期围棋教育基金会发起,在香港注册成立了世界大学生围棋联合会,其宗旨就是在全世界大学生中弘扬围棋文化,普及围棋知识,提高围棋水平,增进世界各地大学生围棋爱好者的交流和友好。由中国围棋协会特邀副主席、著名爱国台湾企业家应明皓先生为首任会长。2013年7月,在上海交通大学举行首次世界大学生围棋邀请赛,共有来自全世界57所大学的98名选手参加;2014年至2019年,先后在香港中文大学、台北新竹清华大学、多伦多大学、曼谷正大学院、剑桥大学、悉尼大学举行了第一至第六届世界大学生围棋锦标赛,分别有来自全世界73所、67所、70所、72所、76所、76所大学参加,每届选手均超百人,真正成为了当代世界大学生和青年人的围棋盛会与中华文化之旅。

2021 年 2 月 22 日至 23 日,第十二届圣彼得堡"中国总领馆杯"围棋赛在圣彼得堡城市假日酒店举办。来自中国、芬兰以及俄罗斯的一百多名选手通过线上或线下的方式参加了比赛。此次比赛是中国驻圣彼得堡总领事馆与圣彼得堡市政府联合举办的 2021"欢乐春节"系列活动之一,比赛已连续举办 12 届,成为传播中华优秀传统文化、促进中外文化交流、增进中外人民友谊的特殊平台。

四、中国战略博弈思维的财富

在当代国际关系研究中,人们普遍认为,软实力必须放在战略层次讨论才有意义,而软实力的各种功能从根本上说,都是战略层面上的。围棋作为东西方公认的战略游戏,在文化软实力中最具价值、最受重视的,是它的战略思维方式和战略智慧。在国家间特别是大国间的政治、经济、外交、军事战略博弈中,人们往往把围棋思维作为中国特有的精神财富,给予必要的尊重、重视,并加以研究和应对。

基于软实力战略层面的意义,围棋已经成为很多国家研究中国战略思维特征的文化标本。

早在 20 世纪 70 年代,美国战略问题专家霍华德·鲍尔曼(Howard Boorman)就指出,中国共产党的军事战略与围棋思维高度相似。围棋是一种很微妙的游戏,它的基本主题是包围与反包围,谁是攻方,谁是守方,通常是分不清的。围棋的胜负只是比较而言,胜者要比负者控制更大的地盘,但不是所有地盘。与西方战略常常着眼于单一的决定性战役不同,毛泽东的信条是着眼于更加持久的斗争,小区域的控制、地理上的分割,通过这一切的发展、合并,最终实现战略上的胜利。鲍尔曼还注意到,毛泽东不仅经常用围棋来解释他与日本人和国民党作战时的战略,还用这种观点来观察世界。

　　美国前国务卿亨利·基辛格(Henry Kissinger)2011 年出版的重要著作《论中国》在第一章"中国的特殊性"中专列"中国人的实力政策与《孙子兵法》"一节,指出"中国人是实力政策的出色实践者,其战略思想与西方流行的战略与外交政策截然不同",更加强调"巧用计谋及迂回策略,耐心积累相对优势"基辛格强调:"中西方的这一对比反映在两种文明中流行的棋类上。中国流传最久的棋是围棋,它含有战略包围的意思……而国际象棋的目标是全胜,目的是把对手将死。"

2011年6月，加拿大《环球邮报》刊登了迈克尔·波斯纳（Michael Posner）的文章《围棋蕴含中国统治世界的秘密》，指出"如果我们正在见证美国霸权的长期衰退和中国这颗巨星的冉冉升起，西方政策制定者们也许应花些时间了解一下围棋的复杂性"。

2013年12月，美国彭博新闻社刊发了《中国利用棋盘战略削弱美国在亚洲的"再平衡"》一文，称卡内基国际和平基金会亚洲项目主任包道格（Douglas Paal）认为，"中国正在玩经典的围棋游戏，通过不至于引发暴力和强力反应的步骤，逐步扩大自己的影响力"。

当代各国注重通过围棋研究中国的战略思维特征和战略动向，表现了他们对围棋的尊重，对中国战略文化的尊重，这当然值得肯定的。他们的结论有的符合实际，有的接近实际，有的则不符合实际。这说明真正搞懂中国的战略文化包括真正搞懂围棋，都不是贴标签、做功课那么简单。

第三节　围棋成为国家和平外交的桥梁

大约1500年前，围棋就已经成为连接中国与周边国家的文化纽带。在当今时代，围棋由于特有的文化属性和深刻内涵,越来越多地担当起国家间和平使者的角色,承载着友好、尊重和理解的意向,成为和平外交的特殊桥梁。

一、围棋外交的缘起与双边关系突破口

中国和日本之间的"围棋外交",是当代中国最早的体育外交活动之一。中华人民共和国成立后,中日两国在一段时间内处于冷战状态,为了打破僵局,日本前首相石桥湛山于1959年9月率团访华,并与周恩来总理举行会谈。当年10月,以松村谦三为首的自民党众议员代表团来访。松村在京停留期间,和国务院副总理、外交部部长陈毅一见如故,结为棋友。陈毅以朋友的身份建议,"围棋、乒乓球、书法、兰花都可以交流,不谈政治,只谈友好",松村欣然同意。访问即将结束之际,松村请求在中日两国贸易达到一定规模、需要进一步发展时,中国派一个围棋代表团访日,以围棋为突破口推动中日两国友好交往的发展,陈毅欣然同意。这就是后来传为美谈的"围棋外交"。1960年,第一个日本围棋代表团访问了中国。1962年,中国围棋代表团首次访问日本。1963年9—10月间,日本棋院和关西棋院联合派团访华,受到周恩来总理、陈毅副总理的接见,成为具有里程碑意义的事件。中日"围棋外交"奠定的友好基

础,在后来中日恢复邦交的进程中也发挥了积极的作用。

二、围棋国礼与内涵解读

美国总统以围棋作国礼,开创了"围棋外交"的一个经典范例。2009 年,美国总统奥巴马首次访华,赠送中国国家主席胡锦涛一套围棋棋具,其中包括棋子、棋盘和棋盒。白宫官员后来介绍说,交换礼物在外交上既是一种宝贵的传统,也是私人感情的友好表示。这件国礼具有美国总统奥巴马的个人特色,体现了白宫当局对中国文化的了解及尊重。在政治上,这也反映了中美长期的人才交流与友好合作,暗含了平等博弈的外交姿态。当然,中美之间错综复杂的战略关系,任何时候都不可能如此简单、轻松。奥巴马的这一举动,表达了对中国传统文化的尊重,但可从中解读出更深的内涵,这是另一种形态的大国智力博弈。

三、围棋外交礼仪与地缘政治

2013 年 6 月,韩国总统朴槿惠访华,出席了由中国国家主席习近平主持的欢迎晚宴。常昊九段应邀参加了这次国宴,习近平主席向朴槿惠总统介绍了常昊等人。2014 年

7月,习近平主席回访韩国,李昌镐九段应邀出席了招待晚宴,围棋成为席间交谈的话题。习近平主席就是在这样的氛围中提出"围棋中包含着人生的哲学和世界战略"的著名观点。这次访问中,朴槿惠还向习近平主席赠送了一副由韩国玉石制作的精美围棋。同样在这次访问期间,韩国国会议长郑义和在会谈时向习近平主席介绍了中国政协委员与韩国国会议员的围棋交流赛,并且表示期待中方能够如期访韩进行第二次交流,习近平主席当场对这项围棋交流活动表示肯定。2017年12月,韩国新任总统文在寅访华,习近平主席赠送给文在寅总统的礼物也是一副特制的围棋棋盘与玉石棋子。文在寅是一位具有业余4段棋力的爱好者,对围棋所蕴含的哲理颇有心得,想必更能体会到这份礼物当中的深意。

第四节　围棋的当代作用和意义

最近,世界科学理论界又发生了一件与围棋有直接关系的事情,这就是被誉为"当代伟大的科学思想家",著名未来学家、生态学家詹姆斯·拉伍洛克(James Lovelock)的新著——《新星世:即将到来的超智能时代》问世。作者认为"阿尔法零"（Alpha Zero）实现了自治（包括自我学习）和超人的能力。没有人预料到人工智能发展这么快，这表明我们已经进入了新星世。一种新的生命形式将从我们制造的人工智能的前体横空出世。这个前体就是"阿尔法零"之类的东西。拉伍洛克的科学新思想把围棋摆在了非常重要的位置。然而，拉伍洛克新学说存在着两个明显的估计不足：一是对人工智能在可以预见的未来与人脑的差距和赶上人脑的难度估计不足。特别是在模糊感知、通用感知、跨界感知、综合感知、预先感知、瞬间感知、超越感知、非公开信息感知等方面，差距之大与进步之大，都同样是不可思议的。二是对人脑通过学习不断增长驾驭人工智能的能力估计不足。任何工具、机器的成长，都是人脑自身成长的结果，是人类智力延伸的结果。不能设想，只有机器在增长，而人脑、人的能力不增长。因此，任何强化、增长人脑自身的措施，都是永远有益的，包括围棋。

一、围棋是智能时代特殊的国际公共产品

当今世界迫切需要各国提供具有积极效应的国际公共产品，围棋恰恰具有成为这样产品的特质。国际公共产品的概念根源于美国著名经济史学家查尔斯·金德尔

130

伯格(Charles Kindleberger)的《1929—1939 年：世界经济萧条》。他认为，20 世纪 30 年代的灾难起源于美国取代英国成为全球最大强权，但又未能像英国一样承担起提供全球公共产品的责任。美国尽管取代英国成为世界最大经济体，但未能接替英国扮演的角色，结果导致了全球经济体系陷入衰退、种族灭绝和世界大战。因此必须有一个国家在世界经济体系中发挥领导作用，提供维持体系稳定所需的成本。那些关心"公共利益"并愿意承担"公共成本"的国家，就是世界经济体系的领导者，同时也是世界政治体系的领导者。

2017 年 1 月，美国政治学家约瑟夫·奈在欧洲新闻网发表的文章里重提"金德尔伯格陷阱"理论，意指没有一个国家有能力或者虽然有能力却没有意愿和手段来领导世界、承担国际公共产品成本的一种状态。"金德尔伯格陷阱"的核心是国际公共产品的供给问题。

20 世纪 60—70 年代，美国经济学家曼瑟尔·奥尔森(Mancur Olson Jr.)等人明确提出相对于国内公共产品的国际公共产品概念。它具有非排他性和非竞争性的特点，是成本和获益超越单一国家边界、跨越不同世代、超越不同人群的共享产品。典型的国际公共产品包括全球化和国际关系各个领域的相关话题。

　　围棋虽然只是一项发源于中国的智力博弈运动,但它具有超越国界、民族、时代、阶层、文化意识形态和人的个体差异的普世价值和世界意义,具有沟通国家关系的功能,规则内涵对当今世界极具深刻启发的特殊价值,又是人工智能首先进入人类生活的标志和窗口,因此,客观上具有成为智能时代特殊形态的国际公共产品的可能。例如,围棋对当今世界的启示有:①棋盘上的每个棋子都是平等的,每个人都有存在的权利;②博弈的目的是夺得更大利益,而不是必须杀死对方;③比局部更大的是全局,没有大局观下不出真正的好棋;④下棋要遵守同样的规则,不适用双重标准;⑤竞争的最高境界是共处,最终目的是效益;⑥赢棋靠实力,权力规定利益;⑦围棋也是圆的,什么都可能发生;⑧博弈的底线是亮剑,战争是最后手段。这难道不是当今世界所有人和国家都应当遵守的原则底线吗?

　　2020年春天以来,中国围棋协会把在国内开展"非聚集型居家网络围棋运动"的完整模式和成功经验向海外延伸,2020年3—10月中,先后举办了包括中欧、中德、中俄、中美、中拉美、中东南亚、中日、中韩、中新、中以以及中国海外留学生、世界青少年网络围棋大赛等近20项遍及世界的国际网络围棋赛事活动,获得世界围棋界一致好评。在疫情肆虐的艰难时刻,围棋承载了中国智慧、发出了中国声音、带来了中国力量,这样的文化产品应当被视为当今世界特殊的国际公共产品。

二、围棋在世界百年未有之变局中的真正价值

中华民族正在前所未有地走近世界舞台的中央。中华文化包括围棋文化走出去成为历史趋势和国家战略。中国为世界围棋发展作出更大贡献的历史机遇已经来临。究其原因主要有以下三点。第一,文化自信。围棋是具有独特精神优势的中国文化产品,是中华文化的经典内容和代表性项目,特别是对"Z世代"具有特殊的吸引力和影响力。第二,博弈制胜。围棋的核心理念是博弈。在当前形势下,跪拜、隐藏、退让都不能达成胜利。博弈制胜,并非简单地以和求胜或武力求胜,而是既饱含勇气又深藏智慧。第三,精神强壮。发展中国围棋的根本目的是使民族从精神上强壮起来,为中华民族走向世界舞台的中央作好精神准备。

因此,中国围棋需要通过将自身发展融入世界围棋发展之中,向世界提供更多国际化的围棋文化产品,包括国际

化标准教材、国际化学术专著、国际化的益智游戏、国际化的赛事活动以及国际化的服务平台等,稳步提升和巩固中国在世界围棋界的话语权和影响力,自觉为国家大局服务,引领世界围棋朝着交流、合作、融合和发展的崭新局面迈出历史性步伐。

参考文献

习近平:《决胜全面建成小康社会 夺取新时代中国特色社会主义伟大胜利》,人民出版社 2017 年版。

《习近平谈治国理政》,外文出版社 2014 年版。

中共中央文献研究室编:《习近平关于社会主义文化建设论述摘编》,中央文献出版社 2017 年版。

中共中央文献研究室编:《习近平关于全面建成小康社会论述摘编》,中央文献出版社 2016 年版。

林建超:《围棋与国家》,经济科学出版社 2017 年版。

林建超:《围棋与文化》,经济科学出版社 2017 年版。

林建超:《围棋与哲学》,经济科学出版社 2017 年版。

许嘉璐主编:《二十四史全译》,世纪出版集团-汉语大词典出版社 2004 年版。

李梦生译注:《左传译注》,上海古籍出版社 1998

年版。

《朝鲜史略》,文渊阁四库全书本。

《山西通志》,文渊阁四库全书本。

《论语》,中华书局 2006 年版。

《孟子》,中华书局 2006 年版。

《大学 中庸》,中华书局 2006 年版。

《关尹子》,中华书局 1936 年版。

《孙子兵法 孙膑兵法》,中华书局 2006 年版。

《二十二子》,上海古籍出版社 1986 年版。

《朱子语类》,中华书局 1981 年版。

李学勤主编:《十三经注疏·周易正义》,北京大学出版社 1999 年版。

(清)皮锡瑞撰:《尚书大传疏证》,清光绪善化皮氏师伏堂刊本。

(汉)宋衷注,(清)秦嘉谟等辑:《世本八种》,商务印书馆 1957 年版。

(汉)扬雄:《扬子法言》,文渊阁四库全书本。

(清)严可均辑:《全后汉文》,商务印书馆 1999 年版。

(清)严可均辑:《全晋文》,商务印书馆 1999 年版。

(清)严可均辑:《全梁文》,商务印书馆 1999 年版。

（南朝梁）萧统编：《文选》，上海古籍出版社 1986 年版。

（清）彭定求编：《全唐诗》，中华书局 1960 年版。

北京大学古文献研究所编：《全宋诗》，北京大学出版社 1998 年版。

（唐）欧阳询撰：《艺文类聚》，上海古籍出版社 1985 年版。

（宋）李昉等编纂：《太平御览》，河北教育出版社 1994 年版。

（南朝宋）刘义庆：《世说新语》，世界书局 1935 年版。

（宋）罗大经：《鹤林玉露》，中华书局 1983 年版。

（清）李渔：《闲情偶寄》，中州古籍出版社 2013 年版。

王国维：《人间词话》，上海古籍出版社 2014 年版。

盖国梁等编：《围棋古谱大全》，上海古籍出版社 1994 年版。

（宋）李逸民编撰：《忘忧清乐集》，蜀蓉棋艺出版社 1987 年版。

（清）施绍闇撰：《弈理指归》，清光绪年间无锡邓元鏸弈潜斋刻本。

（清）施绍闇撰：《弈理指归续编》，清光绪年间无锡邓元鑣弈潜斋刻本。

（清）李子燮编纂:《弈墨》,上海文化出版社 1996年版。

李毓珍:《棋经十三篇校注》,蜀蓉棋艺出版社 1988年版。

王汝南:《〈玄玄棋经〉新解》,人民体育出版社 1988年版。

黄俊:《弈人传》,岳麓书社 1985 年版。

见闻:《中国围棋史话》,人民体育出版社 1987 年版。

朱铭源:《中国围棋史趣话》,蜀蓉棋艺出版社 1990年版。

[日]渡边英夫编:《新编增补坐隐谈丛》,新树社 1955年版。

罗琨等:《中国军事通史》,军事科学出版社 1998年版。

[美]亨利·基辛格(H. Kissinger):《论中国》,中信出版社 2010 年版,

[美]彼得·波拉(P. Perla):《兵棋推演艺术》,国防大学出版社 2013 年版。

[意]利玛窦(M. Ricci)等:《利玛窦中国札记》,中华

书局 1982 年版。

[葡]曾德昭(A. Semedo):《大中国志》,上海古籍出版社 1998 年版。

[美]约瑟夫·奈(J. Nye):《美国定能领导世界吗》,军事译文出版社 1992 年版。

[英]詹姆斯·拉伍洛克(J. Lovelock):《新星世:即将到来的超智能时代》,高等教育出版社 2021 年版。

[美]查尔斯·金德尔伯格(C.P.Kindlebeger)《1929—1939 年世界经济萧条》,上海译文出版社 1986 年版。

[美]熊玠:《大国胸怀与大国威严:习近平的国际新思维》,载《学习时报》2016 年 7 月 7 日 A3 版。

[美]爱德华·博伊兰(E. Boylan):《毛泽东军事战略思想的文化特色》,载《思想的永生》,中国工人出版社 2001 年版。

[英]约翰·费尔贝恩(J. Fairbairn):《三百年来中国和英国之间的围棋关系》,载《钱塘棋会:第二届(2014)中国国际棋文化博览会巡礼》,西泠印社出版社 2014 年版。

惠弋:《西方科学名人与围棋》,载《围棋天地》2014 年第 21 期。

责任编辑:龚　勋

图书在版编目(CIP)数据

中华围棋文化内涵与特质/中国围棋协会 编写. —北京:
　人民出版社,2022
ISBN 978－7－01－024580－5

Ⅰ.①中　Ⅱ.①中…　Ⅲ.①围棋-体育文化-中国　Ⅳ.①G891.3

中国版本图书馆 CIP 数据核字(2022)第 030492 号

中华围棋文化内涵与特质
ZHONGHUA WEIQI WENHUA NEIHAN YU TEZHI
中国围棋协会　编写

人民出版社 出版发行
(100706　北京市东城区隆福寺街 99 号)

北京盛通印刷股份有限公司印刷　新华书店经销

2022 年 2 月第 1 版　2022 年 2 月北京第 1 次印刷
开本:880 毫米×1230 毫米 1/32　印张:4.75
字数:76 千字

ISBN 978－7－01－024580－5　定价:19.00 元

邮购地址 100706　北京市东城区隆福寺街 99 号
人民东方图书销售中心　电话 (010)65250042　65289539